Joseph Schwane

Die eucharistische Opferhandlung

Joseph Schwane

Die eucharistische Opferhandlung

ISBN/EAN: 9783744626927

Hergestellt in Europa, USA, Kanada, Australien, Japan

Cover: Foto ©Thomas Meinert / pixelio.de

Weitere Bücher finden Sie auf **www.hansebooks.com**

Mosaik des Guten Hirten in Galla Placidia zu Ravenna.

Die

eucharistische Opferhandlung.

Von **Dr. Joseph Schwane,**

o. ö. Professor der Theologie an der Kgl. Akademie zu Münster.

Mit Approbation des hochw. Herrn Erzbischofs von Freiburg.

Freiburg im Breisgau. 1889.

Herder'sche Verlagshandlung.

Zweigniederlassungen in *Strassburg, München* und *St. Louis,* Mo.

Wien I, Wollzeile 33: B. Herder, Verlag.

Buchdruckerei der Herder'schen Verlagshandlung zu Freiburg.

Vorwort.

Das goldene Priesterjubiläum unseres Heiligen Vaters hat im vorigen Jahre die katholische Christenheit des ganzen Erdkreises in Bewegung gesetzt und alle Gläubigen um den Altar zur Darbringung von Opfergaben und Dankgebeten vereinigt. Einem ähnlichen Feste im engern Kreise sieht unsere Diöcese für den 25. Mai d. J. entgegen und bereitet sich vor, das goldene Priesterjubiläum ihres Hochwürdigsten Bischofs in würdiger Weise zu begehen. Zu dem Ehrenkranze, welchen die Diöcese ihrem allverehrten Oberhirten darbringt, will auch unsere theologische Facultät, die sich Hochdemselben in besonderem Grade verpflichtet weiss, das Ihrige beitragen und der Feier durch eine Festschrift wo möglich ein bleibendes Andenken schaffen, zu deren Abfassung der Unterzeichnete mit Freuden Veranlassung genommen hat. Für dieselbe bot sich mir ein Thema dar, welches die priesterliche Würde in ihrem höchsten Glanze erscheinen lässt und auch am Festtage die Herzen aller Diöcesanen um den Altar vereinigt, auf dass ihre Gebete Kraft und Erhörung bei Gott erlangen.

Zugleich hoffe ich für das behandelte Thema in theologischen Kreisen überhaupt ein lebhaftes Interesse zu finden.

Münster, im März 1889.

Der Verfasser.

I.

Das eucharistische Opfer nach der Lehre der Heiligen Schrift, der Tradition und Kirche.

Die heilige Eucharistie ist nach der einen Seite hin, insofern sie für die Dahingabe an die Menschen bestimmt ist, das Sacrament des Leibes und Blutes Christi unter den Gestalten des Brodes und Weines, eingesetzt zur geistigen Nahrung der Gläubigen; nach der andern Seite hin, insofern sie Gott dargebracht wird, das einzige sichtbare Opfer in der Kirche, eingesetzt zu einer stetigen, unblutigen Erneuerung des Kreuzesopfers und zur Austheilung der Früchte desselben an alle, welche sich derselben würdig erweisen. Die Conficirung und Darbringung dieses Opfers bildet den wichtigsten Bestandtheil der Amtsvollmachten des neutestamentlichen Priesterthums, welches im Verhältniss zum Hohenpriesterthum Christi zwar nur in dem Amte eines Dieners besteht, aber doch für die Schultern der Engel zu schwer befunden worden ist, und dem Träger desselben für das Auge des Glaubens eine Würde und einen Glanz verleiht, wie ihn die natürliche Ordnung und die Welt nicht geben kann. Der Opferdienst war stets die vornehmliche Aufgabe des Priesterthums überhaupt, auch in den heidnischen Religionen; zur Besorgung desselben hat Gott das alttestamentliche Priesterthum als ein erbliches in der Familie Aaron angeordnet und den Priestern zur Hilfeleistung beim Gottesdienste die Leviten, die Nachkommen Levi's, zur Seite gegeben. 2 Mos. 28, 43: „Und Aaron und seine Söhne sollen sie (die leinenen Kleider) anhaben, wenn sie eingehen ins Zelt des Zeugnisses, oder wenn sie dem Altare sich nahen, im Heiligthum zu dienen, damit sie nicht sterben der Sünde schuldig." 4 Mos. 1, 49: „Den Stamm Levi sollst du nicht zählen und ihre

Anzahl nicht aufnehmen mit den Söhnen Israels, sondern ordne sie zum Zelte des Zeugnisses und zu allem seinem Geräthe und zu allem, was zum heiligen Dienste gehört." Zwar bildeten auch das Lehramt zur Unterweisung in den religiösen Wahrheiten und im Gesetze (nach Mal. 2, 7) und ebenso das Richteramt und die Obhut über die Ausführung des Gesetzes (nach 5 Mos. 17, 9) Bestandtheile des Priesteramtes. Aber die erste und erhabenste Aufgabe des Priesters war der Dienst des Altars. 4 Mos. 18, 5: „Besorget die Hut des Heiligthums und den Dienst des Altars." Hebr. 5, 1: „Jeder Hohepriester, aus den Menschen genommen, wird für die Menschen bestellt in ihren Angelegenheiten bei Gott, damit er darbringe Gabe und Opfer für die Sünden." Danach war der Priester als Diener der Religion vornehmlich durch seine Vollmachten für die Darbringung der Opfer ein gewisser Vermittler zwischen Gott und den Menschen; er hatte das Amt, in das Heiligste, bezüglich in das Allerheiligste einzutreten, dem Throne Gottes in seiner Wohnung sich zu nahen, die Opfer ihm darzubringen und seine Botschaften den Menschen kundzuthun.

Ist nun so der Zusammenhang zwischen Priesterthum und Opfer ein sehr inniger, so dass es nirgends ein specielles Priesterthum ohne die Vollmacht zu opfern gab, so ist der gegenseitige Zusammenhang zwischen Religion und Opfer ein noch innigerer, indem jede Religion als Streben nach Wiedervereinigung und Gemeinschaft mit Gott sich von selbst und nothwendig auch in der Darbringung von inneren und äusseren Opfern kundgibt, wodurch die Herrschaft Gottes über alles Sichtbare und Unsichtbare und seine unendliche Majestät anerkannt und verherrlicht werden soll. Eine Religion ohne Opfer hat es im Alterthum nicht gegeben, selbst da nicht, wo sich noch nicht ein besonderer Stand für die Verwaltung des Priesteramtes gebildet hatte oder noch nicht von Gott angeordnet war, wo die Hausväter für ihre Angehörigen und Untergebenen das königliche und priesterliche Amt zugleich verwalteten. Die sündige Menschheit suchte durch die Opfer auch die Versöhnung des durch die Sünde beleidigten Gottes und Abwendung seiner gerechten Strafgewalt, indem in denselben die Anerkennung der göttlichen Heiligkeit und Gerechtigkeit und der eigenen Schuld und Strafwürdigkeit, sowie eine etwaige Genugthuung und Sühne zum Ausdruck kam. Oder man wollte durch die Opfer einfach Gottes absolute Majestät, oder auch seine Güte und Barmherzigkeit innerlich und äusserlich preisen und verherrlichen.

Das Christenthum ist die vollkommenste und absolute Religion, als solche von Gott selbst gestiftet, so dass es keine vollkommenere geben wird, noch geben kann; auf das Christenthum sollte die vorchristliche Religion, insoweit sie von Gott herrührte, durch Lehre und Gottesdienst, durch Weissagungen und Typen, auch durch ihr Priesterthum und ihre Opfer vorbereiten; das Judenthum namentlich sollte in der Fülle der Zeiten wie eine Schale und Hülle zerschlagen werden, auf dass der eingeschlossene Kern, in fruchtbares Erdreich gepflanzt, Wurzel schlagen, wachsen und gedeihen könne und zu einem Baume sich entwickle, in dessen Schatten alle Völker ruhen, von dessen Früchten sie sich ernähren sollen. Das Christenthum verkündet nicht etwa bloss Wiederversöhnung und Wiedervereinigung des Menschen mit Gott und leitet nicht bloss dazu an, sondern bewirkt sie in vollkommenster Weise für alle, welche es in sich aufnehmen, indem es jeden einzelnen als Rebzweig auf den Weinstock, welcher Christus ist, aufpfropft und ihn theilnehmen lässt an der Vereinigung mit Gott, welche in dem Stifter des Christenthums in vollkommenster Weise als eine persönliche und physische zwischen Gott und einer menschlichen Natur zu Stande gekommen ist. In Christo hat Gott den Menschen nicht nur sein Wohlgefallen wieder zugewandt, sondern er ist selbst als Gottessohn auch ein Menschensohn und unser Bruder geworden, auf dass alle durch ihn Kinder Gottes und theilhaft der göttlichen Natur werden. Wie jeder Weg nach Rom führt, so jede Religion, als Streben nach Vereinigung mit Gott, zu Christo, in dem Gott und Mensch eins, ja vielmehr eine Person geworden ist.

Im Christenthum ist auch das vollkommenste Opfer und Priesterthum gegeben. Das hat der Apostel zum Hauptthema des Hebräerbriefes gewählt und bis ins einzelne ausgeführt. Ist der Priester für die Angelegenheiten zwischen Gott und den Menschen bestellt, die Menschen vor Gott durch Gebete und Opfer zu vertreten und die Gnaden und Gaben Gottes den Menschen

zu übermitteln: so wurde Christus, der eingeborene Sohn des
himmlischen Vaters, als er in der Fülle der Zeiten Mensch geworden und die Bestimmung erhalten hatte, das Haupt, der
zweite geistige Stammvater und Repräsentant aller Menschen zu
.werden, zugleich der vollkommenste Hohepriester vom ersten
Momente seines Eintritts ins Menschengeschlecht an; wie er denn
auch mit freiem Willen dieses Amt ausdrücklich in dem Momente
der Menschwerdung übernommen hat[1]. Je erhabener Gott über
den Creaturen, um so erhabener ist der Vorrang Christi als
Hohenpriesters vor allen menschlichen Priestern[2]. Letztere können
in der vorchristlichen Zeit höchstens schwache Vorbilder und in
der nachchristlichen Zeit nur hinfällige Diener und Organe für
sein Hohepriesterthum sein. War doch der Messias auch im
Alten Bunde nicht bloss als Prophet und König, sondern auch
als der Hohepriester in Ewigkeit nach der Ordnung Melchisedechs
vorherverkündet worden (Ps. 109, 4), woraus der Apostel ebenfalls seine Erhabenheit über das alttestamentliche Priesterthum
und seine Einzigkeit als Hoherpriester herleitet[3]. Denn wie Melchisedech ohne Vorfahren und Nachfolger als ein Priester des
Allerhöchsten von der Heiligen Schrift (Gen. 14, 18) eingeführt
wird, dem ganz Israel einschliesslich des aaronischen Priesterthums
durch den Stammvater Abraham den Zehnten dargebracht und
sich untergeordnet hat: so ist er dadurch zum Vorbild von dem
einzig im Menschengeschlechte dastehenden Hohenpriester, dem
Messias, geworden, der Priester und König zugleich war und
durch einen Schwur (nach Ps. 109, 4) von Gott zum Hohenpriester
in Ewigkeit erhoben worden ist, der durch ein einziges Opfer
die Welt erlöst und dem ganzen Menschengeschlechte durch sein
einziges Opfer Sündenvergebung verdient und die Vereinigung
mit Gott wieder möglich gemacht hat. Hebr. 9, 11: „Dagegen
ist Christus, nachdem er als Hoherpriester der zukünftigen Güter
gekommen, durch ein höheres und vollkommeneres Zelt, das nicht
von Menschenhänden gemacht, nämlich nicht von dieser Welt ist,

---

[1] Hebr. 2, 14; 10, 5—10: „Ideo ingrediens mundum dicit: Hostiam et
oblationem noluisti. ... Tunc dixi: ecce venio ... In qua voluntate sanctificati
sumus per oblationem corporis Jesu Christi semel.“
[2] Hebr. 1, 1 ff.   [3] Hebr. 7.

auch nicht durch Blut von Böcken und Stieren, sondern mit seinem eigenen Blute ein für allemal ins Heiligthum eingegangen und hat eine ewige Erlösung gefunden."

Ganz besonders war das Hohepriesterthum Christi auch dadurch vor dem alttestamentlichen und jedem menschlichen ausgezeichnet, dass er nicht bloss Hoherpriester, sondern auch Opfergabe in einer Person war, indem er ununterbrochen sich selbst durch innerliche und zu Zeiten durch äusserliche Acte, und im besondern seinen eigenen Leib und sein eigenes Blut als sichtbare Opfergabe am Kreuze seinem himmlischen Vater dargebracht hat. So hat der Prophet Isaias den Messias vorherverkündet (Kap. 53, 10); so bezeichnen ihn die Apostel als Opfergabe. Eph. 5, 1 ff.: „Seid also Nachahmer Gottes als die lieben Kinder; und wandelt in Liebe, wie auch Christus uns geliebt und sich für uns als Gabe und Opfer hingegeben hat, Gott zum lieblichen Geruche." [1] Daher nennt ihn Johannes der Täufer das Lamm Gottes (Joh. 1, 29), ebenso der Apostelfürst (1 Petr. 1, 19); daher wird er in der Apokalypse durchgehends unter dem Bilde des Gotteslammes dargestellt. Daher hat der Herr nach der Einsetzung der heiligen Eucharistie und beim Beginne seines Leidensweges durch das sogenannte hohepriesterliche Gebet (Joh. 17, 1 ff.) sich selbst geweiht und gleichsam eingesegnet als Opfergabe. „Vater, die Stunde ist da. Verherrliche deinen Sohn, damit der Sohn dich verherrliche" u. s. w. — Alle Opfergaben, welche die menschlichen Priester Gott dargebracht haben, sind hinsichtlich des Werthes gar nicht einmal zu vergleichen mit der Opfergabe, welche der Gottmensch durch die Uebernahme des blutigen Kreuzestodes in seinem dahingeschlachteten Leibe und in seinem für uns vergossenen Blute seinem himmlischen Vater geweiht hat. Sein Leib und sein Blut war der Leib und das Blut Gottes, durch die hypostatische Union ein Bestandtheil der zweiten Person in der Gottheit und dadurch über alle anderen Creaturen erhaben, zugleich auch so zum Eigenthum des Sohnes Gottes geworden, dass er seinen Leib als sein Eigenstes (ex propriis) Gott aufopfern und durch den schmerz-

---

[1] Vgl. Röm. 8, 3. 2 Kor. 5, 21. 1 Joh. 2, 1. 2.

lichsten Tod ihm hingeben konnte. Die damit verbundene geistige
Hingabe und Aufopferung erhielt, weil es ein Werk des Gottmenschen oder des göttlichen Logos als des persönlichen Trägers
war, wie jedes freiwillige Werk in seinem Leben, einen unendlichen, genugthuenden und verdienenden Werth und entwickelte
sich in einer Kette von Acten der Liebe, des Gehorsams, der
Geduld, des Starkmuthes und anderer Tugenden, wie sie im
Menschengeschlechte nie geübt, wie sie vollkommener nicht gedacht werden können.

Das Gesagte ist unter Christen kaum je. streitig gewesen,
dass das Christenthum die höchste und vollkommenste Religion,
dass sein Stifter Gottes- und Menschensohn, der Hohepriester des
ganzen Menschengeschlechtes, in seinem blutigen Tode am Kreuze
das einzige, die Menschheit mit Gott versöhnende, Himmel und
Erde wiedervereinigende Opfer von unendlichem Werth, ein- für
allemal dargebracht, und dann mit seinem verklärten Blute und
Leibe in das Allerheiligste, in den Himmel eingegangen ist, um
dort stets für uns zu intercediren und sein blutiges Kreuzesopfer
mit Hinweisung auf die Wundmale an seinem verklärten Leibe
als himmlisches fortzusetzen in Ewigkeit [1].

Wohl aber ist es streitig gemacht worden, ob Christus
Anordnungen getroffen, dass dieses himmlische Opfer auch auf
Erden in seiner sichtbaren Kirche eine sichtbare ununterbrochene
Darstellung finde, ob namentlich die heilige Eucharistie diese
Stelle vertrete, das eine vollkommenste Opfer von Golgatha
fort und fort in unblutiger Weise zu erneuern und die Früchte
desselben zur Aneignung zu bringen; oder ob sie bloss eine
Opfermahlzeit im Anschluss an das Kreuzesopfer, aber kein
eigentliches Opfer, weil ohne Opferhandlung sei. Freilich gab
es im Alten Bunde auch eine Opfermahlzeit, aber eine solche
im Anschluss an ein eigentliches Speiseopfer [2]. Ob Christus
gerade ein Opfer in der heiligen Eucharistie eingesetzt habe,
welches nicht bloss den Charakter eines Speiseopfers, sondern
auch den eines Sühn-, Anbetungs- und Dank- wie Bittopfers,
weil den einer unblutigen Erneuerung des allumfassenden Kreuzes-

---

[1] Hebr. 9, 24.   [2] 3 Mos. 7, 15.

opfers an sich trägt: das ist, obwohl auf dem Standpunkte der Offenbarung nicht zweifelhaft, von den Reformatoren des 16. Jahrhunderts bestritten worden, indem sie die heilige Eucharistie entweder für eine leere Erinnerungsfeier an das Leiden und Sterben des Herrn oder doch nur für eine Opfermahlzeit erklärten, bei welcher Christus während der Communion mit seinem Leibe gegenwärtig werde, um sich als Speise hinzugeben.

1. Dagegen lehrt die Heilige Schrift auf das deutlichste, dass die heilige Eucharistie auch ein eigentliches Opfer, und nicht eine blosse Opfermahlzeit sei. Vorherverkündet ist das eucharistische Opfer schon im Alten Bunde, wenn der Messias von David (Ps. 109, 4) als ein Priester nach der Ordnung Melchisedechs in Ewigkeit im voraus genannt wird. Denn Melchisedech opferte Brod und Wein dem Allerhöchsten und ist so ein Vorbild des Hohenpriesterthums Christi bei der heiligen Eucharistie, in welcher er unter den Gestalten des Brodes und Weines seinen Leib und sein Blut Gott zum Opfer bringt. Noch deutlicher ist die Weissagung des Propheten Malachias (1, 10): „Ich habe kein Gefallen an euch, spricht der Herr der Heerschaaren, und nehme kein Opfer an aus euren Händen. Denn vom Aufgange der Sonne bis zum Untergange wird mein Name gross werden unter den Völkern und an allen Orten wird meinem Namen ein reines Speiseopfer dargebracht werden: denn gross wird mein Name werden unter den Völkern, spricht Gott, der Herr der Heerschaaren." Das Opfer der messianischen Zeit wird den alttestamentlichen blutigen Thieropfern als ein reines Speiseopfer entgegengesetzt und kann daher nicht als ein rein inneres aufgefasst werden, welches den Juden ja nicht unbekannt war[1]. Die volle Wahrheit dieser Prophezeiung leuchtet uns aus ihrer Erfüllung im Neuen Bunde entgegen. Denn die heilige Eucharistie wird jetzt auf dem ganzen Erdenrunde als das einzige und als ein reines Speiseopfer Gott in der Kirche dargebracht.

Als ein Opfer hat Christus die heilige Eucharistie eingesetzt. Das beweist zunächst die innige Beziehung, in welche er dieselbe zum Opfer des vorbildlichen Osterlammes gebracht hat,

---

[1] Ps. 50, 19.

indem er sie im Anschluss an diese Opferfeier, welche er zum
letzten Male mit seinen Aposteln hielt, eingesetzt hat. Am
Abend vor dem Leiden und Sterben begann die Erfüllung jenes
Vorbildes und vollendet ward sie auf Golgatha am folgenden
Tage, indem der Gottmensch wie ein Lamm zur Schlachtbank
geführt wurde, um mit seinem Blute alle zu erlösen und aus
der Knechtschaft Aegyptens, der Sünde und des Teufels alle
zu erretten, welche sich mit demselben zeichnen lassen wollen.
Die heilige Eucharistie gehörte mit zu dem neutestamentlichen
Opfer des Osterlammes, was durch die Worte des Apostels
(1 Kor. 5, 7 ff.) erhärtet wird: „Denn unser Osterlamm Christus
ist geopfert worden. Lasset uns also Ostern halten nicht im
alten Sauerteige, nicht im Sauerteige der Bosheit und Schalkheit,
sondern im ungesäuerten Brode der Reinheit und Wahrheit.“
Der heilige Evangelist Johannes bekräftigt (Kap. 19, 36) ausdrücklich, dass das vorbildliche Opfer des Osterlammes in dem Opfer
auf Golgatha seine Erfüllung erhalten hat. Der Herr drückt es
ferner auch durch die Einsetzungsworte auf das bestimmteste
aus, dass sein in der heiligen Eucharistie gegenwärtiger Leib
ein Opferleib und sein Blut ein Opferblut sein solle; denn er
sagt (Luc. 22, 19): „Dies ist mein Leib, der für euch hingegeben wird“ (τὸ ὑπὲρ ὑμῶν διδόμενον); und: „Dies ist der Kelch
meines Blutes, welches für euch vergossen wird“ (τὸ ὑπὲρ ὑμῶν
ἐκχυνόμενον). Das Participium des Präsens beweist im besondern,
dass nach den Worten des Herrn sein Leib nicht etwa bloss am
Kreuze für uns in den Tod gegeben werden soll oder wird,
sondern in der heiligen Eucharistie damals schon als Opferleib
Gott dargebracht wurde. Dasselbe gilt vom eucharistischen Blute,
welches vergossen w i r d. Zuletzt nimmt der Herr bei der Einsetzung der heiligen Eucharistie auch eine Opferhandlung vor,
nicht nur eine innere, indem er sich bereit erklärt, den Tod
um unsertwillen zu übernehmen, und diese Bereitwilligkeit in
Worten ausdrückt, sondern auch eine in der Consecration der
beiden getrennten Gestalten ä u s s e r l i c h vollzogene, indem er
unter denen des Brodes mit seinem Leibe und unter denen des
Weines mit seinem Blute gegenwärtig wird, um die gewaltsame
Trennung des Blutes vom Leibe im Opfertode sacramentaliter

darzustellen und mystisch im voraus zu vollziehen. Warum und wie dies eine eigentliche Opferhandlung sei, ohne dass dadurch ein vom Kreuzesopfer wesentlich verschiedenes, sondern ein wesentlich mit ihm identisches Opfer zu Stande komme, wird im folgenden das Hauptthema unserer Erörterungen sein. Der Apostel deutet dies an (1 Kor. 11, 26): „Denn so oft ihr dieses Brod esset und diesen Kelch trinket, sollt ihr den Tod des Herrn verkündigen, bis er kommt"; oder wenn er von dem Altare in der christlichen Kirche redet (Hebr. 13, 10), „von welchem diejenigen nicht essen dürfen, welche dem Zelte dienen, d. h. im Judenthum gefangen bleiben" (vgl. 1 Kor. 10, 20 ff.). Wenn die Kirche nun durch ihre Priester ununterbrochen dasselbe thut, was der Herr seinen Aposteln zu thun befohlen hat, so bringt der Priester im Namen Christi auch dasselbe Opfer dar, welches Christus dargebracht hat. Nur feiert Christus jetzt nicht vorher, sondern nachträglich, und nicht allein oder sichtbar in eigener Person, sondern durch seine Diener und Organe, nicht mehr in verdienstlicher Weise wie während seines irdischen Lebens, sondern die Früchte seines Kreuzesopfers applicirend, die Erneuerung seines Opfers in der heiligen Eucharistie.

2. Der Nachweis aus den Zeugnissen der Tradition, dass der Glaube an den Opfercharakter der heiligen Eucharistie von der Apostel Zeit an in der Kirche allgemein gewesen und im Culte zur Ausprägung und Darstellung gekommen sei, ist schon wiederholt auf das bündigste ausgeführt worden[1] und bedarf kaum noch einer Vervollständigung. Nur an das eine oder andere Zeugniss soll erinnert werden. Der hl. Justin hat in seinem Dialoge mit dem Juden Trypho (um 150 n. Chr. etwa geschrieben)[2] die Prophezeiung des Malachias ausdrücklich auf das eucharistische Opfer bezogen, welches von Christo zum Andenken an sein Leiden und Sterben eingesetzt sei. Der

---

[1] Zu vergleichen: Nicole et Arnauld, La Perpétuité de la foi etc. Paris 1669. — Döllinger, Die heilige Eucharistie in den drei ersten Jahrhunderten. Mainz 1826. — Franzelin, De sacrif. Romae 1868, th. 9. — Meine Dogmen-Gesch. I, 632 ff.

[2] Kap. 41.

hl. Irenäus, Schüler des hl. Polycarp, welcher den hl. Johannes
gesehen und gehört, hat um 200 n. Chr. seine fünf Bücher gegen
die Häresien verfasst und die unzweideutigsten Erklärungen über
den Inhalt der heiligen Eucharistie und ihren Opfercharakter
gegeben. Er vergleicht die alttestamentlichen Opfer mit dem
neutestamentlichen, davon ausgehend, dass jede Religion Opfer
haben müsse und gehabt habe[1], obwohl nicht Gott, sondern die
Menschen derselben bedürfen, und findet dann den Vorzug des
kirchlichen Opfers sowohl in der Gott wohlgefälligen Gesinnung
der Opferer als auch in dem unvergleichlich höhern Werthe der
Opfergabe. „Weil daher die Kirche", sagt er[2], „mit rechter
Gesinnung opfert, so wird mit Recht ihr Opfer als ein reines
bei Gott angesehen. Wir müssen nämlich Gott ein Opfer darbringen und uns in allem ihm, dem Schöpfer gegenüber dankbar
erweisen, indem wir mit reinem Gewissen, in aufrichtigem
Glauben, fester Hoffnung und brennender Liebe ihm die Erst-
linge seiner Geschöpfe darbringen. Und dieses Opfer bringt dem
Schöpfer nur die Kirche dar, indem sie ihm mit Danksagung
von seinen Creaturen darbringt — aber nicht die Juden, denn
ihre Hände sind mit Blut bedeckt und sie haben den Logos
nicht aufgenommen, der Gott geopfert wird (non enim receperunt
verbum[3], quod offertur Deo) — aber auch nicht die Secten der
Häretiker. Denn einige lehren, dass der Vater des Himmels
ein anderer sei als der Weltschöpfer, und stellen ihn dar als
einen solchen, der nach Fremdem gelüstet, wenn sie ihm aus
der irdischen Schöpfung Opfer bringen. Diejenigen jedoch, welche
behaupten, dass die irdische Schöpfung durch einen Abfall, durch
Unwissenheit oder Leidenschaft entstanden sei, sündigen gegen

---

[1] Adv. haer. IV, 18, 2: „Et non genus oblationum reprobatum est: oblationes enim illic, oblationes autem et hic; sacrificia in populo, sacrificia in
ecclesia; sed species immutata est tantum, quippe quum jam non a servis,
sed a liberis offeratur." Cf. nr. 6.

[2] L. c. IV, 18, 4.

[3] Die von den Handschriften bezeugte Lesart „verbum" kann mit Rücksicht auf Joh. 1, 11 nur von dem menschgewordenen Logos verstanden werden,
nicht, wie Stieren (ed. Iren. t. II, p. 617) meint, auf das Gebet des Priesters bezogen werden.

den Vater, indem sie ihn vielmehr schmähen, als dass sie ihm Dank sagten. Wie können diese annehmen, dass das Brod, über welches die Segnung erfolgt, der Leib unseres Herrn und der Kelch seines Blutes sei, wenn sie ihn nicht für den Sohn des Schöpfers und für sein Wort ansehen, durch welches die Pflanzen Frucht tragen, die Quellen Wasser spenden und die Erde Gras und Korn und Weizen hervorbringt?"

Der hl. Irenäus zieht also zwar wohl die irdischen Elemente Brod und Wein mit in die Materie der Opfergabe hinein; aber sie machen nicht das Wesen derselben aus, sondern werden verwandelt in den Leib und das Blut des Herrn, und diese bilden die eigentliche Opfergabe in der heiligen Eucharistie. Denn er fügt noch gegen die Gnostiker, welche die Auferstehung des Fleisches läugnen, hinzu, dass sie, wenn sie consequent sein wollten, die heilige Eucharistie zu feiern und zu opfern aufhören müssten, weil unser Leib, wenn er mit dem Leibe des Herrn gespeist werde, nicht für die Vernichtung bestimmt sein könne [1].

Fast überwältigend ist das Zeugniss, welches uns aus derselben Zeit, aus dem Ende des zweiten Jahrhunderts in den einfachen Wandbildern entgegenleuchtet, die in den Katakomben des hl. Kallistus zu Rom in der sogen. Sacramentskapelle bis auf unsere Tage erhalten worden sind. An einer Seitenwand dem Eingange gegenüber ist die heilige Eucharistie in drei Bildern dargestellt, welche als zusammengehörige Pendants aufgefasst sein wollen: in der Mitte das eucharistische Gastmahl, an der einen Seite ein dreifüssiger Tisch oder Altar mit einer Darstellung der priesterlichen Consecration, und an der andern Seite das Opfer Isaaks. Wie der Eingeborene Abrahams die Opfergabe bei diesem typischen Opfer war, so ist es der Eingeborene des himmlischen Vaters in dem eucharistischen Opfer.

Bei den späteren Vätern [2], welche die eingehendsten Mittheilungen über die eucharistische Opferfeier machen, heisst die heilige Eucharistie das unblutige Opfer (ἀναίμακτος θυσία);

---

[1] Ib. nr. 5: Ἢ τὴν γνώμην ἀλλαξάτωσαν, ἢ τὸ προσφέρειν τὰ εἰρημένα παταιτείσθωσαν.

[2] S. Dogmen-Gesch. II, 1040 ff.

sie sehen die Consecration der beiden getrennten Gestalten als
die eigentliche Opferhandlung an, weil dadurch der blutige
Opfertod des Herrn auf Golgatha, die gewaltsame Trennung
des Blutes vom Leibe, unblutigerweise erneuert werde, so dass
die Consecrationsworte über Brod und Wein gleichsam das
Schlachtmesser bilden, durch welches die bezeichnete sacramentale
Trennung wie durch ein Instrument bewirkt wird[1].

Ueberhaupt fand die Lehre von dem Opfercharakter der
heiligen Eucharistie weder in der patristischen Zeit noch im
Mittelalter irgend welchen Widerspruch. Derselbe erfolgte erst
von den sogen. Reformatoren des sechzehnten Jahrhunderts und
hing zum Theil mit dem falschen Religionssystem zusammen,
welches sie für das echte ursprüngliche Christenthum ausgaben:
oder er sollte mit dem Hinweis auf viele Missbräuche gerecht-
fertigt werden, die sich in der katholischen Kirche mit dem
Messopfer verbunden hätten. Auch die symbolischen Bücher der
Protestanten in Deutschland aus dem sechzehnten Jahrhundert
geben nur diese beiden Rücksichten an und gehen davon aus,
dass nach der von ihnen aufgestellten Rechtfertigungslehre sich
eben alles fügen und die ganze gottesdienstliche Ordnung ein-
gerichtet werden müsse. Die Rechtfertigung des Menschen durch
den einzigen Act des Fiducialglaubens an die Verdienste Christi,
d. i. die Rechtfertigung aus Gnade mit Ausschluss aller anderen
instrumentalen oder vermittelnden Ursachen und mit Ausschluss
aller anderen sittlichen Vorbereitung und Mitwirkung auf seiten
des einzelnen Menschen, wurde für das Evangelium ausgegeben,
welches die Kirche unter den Scheffel gestellt und verfälscht
habe, aber die Reformatoren wieder ans Tageslicht gebracht
und der Welt verkündet hätten. Auf diesen Fundamentalirrthum,
das Materialprincip des Protestantismus, welches eine vollständige
Identificirung und Verwechslung der objectiv vollzogenen Erlösung durch den Gottmenschen mit der subjectiven Aneignung der
Erlösung von seiten jedes einzelnen zur Grundlage hatte, wurde
namentlich die Lehre von der Erbsünde und von den Sacramenten
zugestutzt. In ersterer Hinsicht wurde der Zustand des Menschen

---

[1] Greg. Naz. Ep. 171.

in der Erbsünde als ein solcher des gänzlichen Unvermögens zu jeglichem auch natürlich Guten und zu jeglicher Mitwirkung mit der Gnade erklärt; ja auch der für nothwendig ausgegebene Act des Fiducialglaubens nur als eine alleinige Frucht der Gnade angesehen, weil die Menschennatur durch die Erbsünde total verdorben sei. In anderer Hinsicht wurde den Sacramenten nur die Bedeutung zuerkannt, als Mittel zur Weckung des Glaubens zu dienen, somit dieselbe Bedeutung, welche auch dem Worte Gottes gebühre. Sie wurden auf zwei reducirt (die Augsburgische Confession fügt die Busse oder Absolution als drittes hinzu), weil die Heilige Schrift nur von zweien, von der Taufe und von der Eucharistie, etwas berichte. Das Priesterthum in der Kirche, namentlich das Amt einer Vermittlung zwischen Gott und den Menschen mit der Vollmacht zum Opfer, wurde ganz besonders verworfen, für welche Verwerfung bei den Reformatoren der psychologische Grund mitwirken mochte, dass sie so als abgefallene Priester die Stimme des Gewissens meinten ersticken zu können, wenn sie gegen den Stachel desselben durch vollständige Verneinung des Priesterthums ausschlügen. Nur die Verkündigung des Wortes Gottes und die Austheilung der Sacramente sollte den Dienern der Religion als eine von der Gemeinde oder von der Regierung übertragene Amtsfunction bei den Protestanten verbleiben [1]. Speciell wurde für die Beseitigung des Messopfers geltend gemacht, dass durch dasselbe der Werth und die Kraft des Kreuzesopfers herabgesetzt und für unzureichend zur Rechtfertigung des Menschen ausgegeben werde [2]. An diesem Vorgeben wird die erwähnte Verwechslung der objectiven Erlösung des ganzen Menschengeschlechts mit der subjectiven Aneignung derselben von den ein-

---

[1] Apol. Conf. Aug. VII, nr. 7: „Sacerdotium intelligunt adversarii non de ministerio verbi et sacramentorum aliis porrigendorum, sed intelligunt de sacrificio, quasi oporteat esse in Novo Testamento sacerdotium simile Levitico, quod pro populo sacrificet et mereatur aliis remissionem peccatorum."

[2] Ib.: „Nos docemus, sacrificium Christi, morientis in cruce, satis fuisse pro peccatis totius mundi, nec indigere praeterea aliis sacrificiis, quasi illud non satis fuerit pro peccatis nostris. Ideo justificantur homines, non propter ulla reliqua sacrificia, sed propter illud unum Christi sacrificium."

zelnen Menschen recht ersichtlich. Für letztern Zweck hat Christus
der Herr selbst noch viele Mittelursachen angeordnet und verlangt
auch von den einzelnen eine sittliche Vorbereitung und Mitwirkung. Das ist keineswegs eine Herabsetzung des unendlichen
Werthes des Kreuzesopfers. Vielmehr zeigt sich derselbe gerade
darin, dass das Kreuzesopfer im eucharistischen bis zum Ende der
Zeiten unblutigerweise erneuert wird, ohne dass seine Geltung
oder Frucht dadurch vermindert werde, oder seine Kraft dadurch
abnehme, je mehr sich die Gläubigen die Früchte des Kreuzesopfers durch Theilnahme am eucharistischen zu eigen machen.

Was die aus dem kirchlichen und religiösen Leben entlehnten
Beschuldigungen und Schmähungen gegen das eucharistische Opfer
angeht, so liessen sich die Reformatoren von einem blinden und
leidenschaftlichen Eifer leiten und sahen in der ganzen gottesdienstlichen Ordnung zuletzt nur noch Missbräuche, deren Beseitigung eine vollständige Umgestaltung des Gottesdienstes
nothwendig mache. Die heilige Messe wurde namentlich von
Luther für den Herd aller Missbräuche ausgegeben, weil sich
an sie der Glaube an das Fegfeuer, die Gebete für die Ver-
storbenen, die Fundation der verschiedenen Kirchenämter, die
Wallfahrten und der Ablass angeschlossen hätten [1]. In diesem
Differenzpunkte will Luther niemals eine Ausgleichung zugeben [2].

Freilich haben die Reformatoren dem Gottesdienste durch
Beseitigung des heiligen Messopfers eine ganz andere Gestalt
verliehen. Denn dieses bildete von Anfang an in der Kirche
den Mittelpunkt des ganzen Cultes; mit ihm wurde die Spendung
der Eucharistie und der übrigen Sacramente in Verbindung
gebracht; um dasselbe versammelte sich an Sonn- und Fest-
tagen die ganze Gemeinde; für die Feier desselben waren die
Gotteshäuser vornehmlich bestimmt und erhielten davon ihre
Einrichtung, ihren Schmuck im Innern und Aeussern, ihren

---

[1] Art. Smalcaldici, Art. II, nr. 6: „Cum fere innumeri et inenarrabiles
abusus in universo mundo ex negotiatione missarum exstiterint, abroganda
merito missa est, ut abusus isti removeantur."

[2] Mit welcher Leidenschaft er von diesem Thema schreibt, sieht man
aus l. c. nr. 10: „Sentiunt quidem optime, cadente Missa cadere Papatum.
Hoc priusquam fieri patiantur, omnes nos trucidabunt, si poterunt."

Weihecharakter und ihren himmlischen Zauber. Alles dieses wurde nun auf einmal ganz anders; man hatte dem Gottesdienste die erwärmende, erleuchtende und belebende Kraft der Sonne genommen; Predigt des Wortes Gottes und deutscher Kirchengesang blieben als Hauptbestandtheile des Gottesdienstes noch übrig; die Kirchen wurden blosse Versammlungssäle der Gemeinden [1]; die Diener der Religion waren ihrer Weihe und Würde entkleidet und wurden zu Prädicanten, deren Predigt man durch Lectüre eines Buches ersetzen konnte. Kein Wunder, dass nach und nach bei den Protestanten eine furchtbare Erstarrung und Oede im kirchlichen Leben und eine schreckliche Verwüstung und Leere in den Kirchen sich einstellte. Was den Gläubigen hier geboten wurde, konnte man sich auch anderweitig verschaffen. Darunter litt dann auch das sittliche Leben, welches durch die Religion gehalten, gestützt und getragen werden muss. Das Opfer Christi war den Augen und Herzen der Gläubigen entrückt worden und damit auch der Antrieb zur opferwilligen Bethätigung der Charitas, die gerade aus dem ununterbrochen fortgesetzten Opfer Christi wie aus ihrer Quelle und ihrem Ideale fort und fort Nahrung und Kraft erhält. — So erklärt es sich, wie in der neuesten Zeit selbst bei den Protestanten vereinzelte Stimmen laut werden, welche sich für die Wiedereinführung eines Opfers in die gottesdienstliche Ordnung aussprechen [2]; vorläufig freilich für eine Wiedereinführung

---

[1] Ein offenes Geständniss über diese Umwandlung macht ein Protestant in unseren Tagen, J o h n s e n, Pro ara (Göttingen 1888) S. 77: „Ein Spiegelbild, und zwar ein sehr treues, aber auch ein sehr trauriges, dieser alles Mysteriösen entkleideten Kirche bildet das evangelische Kirchengebäude in seiner traurig nackten, kalten, schulmässigen Gewandung.... Soll das evangelische Kirchengebäude nur der religiösen Belehrung der Gemeinde dienen, so braucht man allerdings nichts weiter als einen der Versammlung entsprechend grossen, möglichst hellen Raum mit Sitzplätzen und einem Katheder. Dann möchte man aber auch einen solchen Saal lieber Gemeinde-Aula als Kirche nennen.“

[2] Vgl. J o h n s e n a. a. O. S. 86: „Hoffe denn niemand in der evangelischen Kirche auf Rettung seitens der Wissenschaft. Erwarte auch niemand das Heil von der hochschwebenden Kanzel. Die Kanzel wird so wenig den Thron stützen wie die theologische Cathedra und die parlamentarische Rednerbühne. Grundpfeiler für den Thron, Refugium für Fürst und Volk, Bollwerk der

des Opfers nach dem Ritus der griechischen Kirche, weil ein
Vorschlag zur Rückkehr in die katholische Kirche doch zu
exorbitant erscheinen würde, als dass er bei den Protestanten
Gehör finden könnte, die sich nur durch den Protest gegen
Rom zu halten wissen und gerade jetzt wieder mit allen Glocken
zu einem Kriegszug gegen Rom läuten.

Allein solche Vorschläge werden spurlos verhallen, solange
man das Religionssystem nicht ändert, aus welchem die Läugnung
des eucharistischen Opfers und des Priesterthums hervorgegangen
ist, solange man nicht voll und ganz zum Glauben an den Inhalt
der heiligen Eucharistie zurückkehrt, wie ihn die katholische
Kirche als die unfehlbare Interpretin der göttlichen Offenbarung
definirt und zu glauben vorhält. Diesen Glauben haben aber die
Reformatoren des sechzehnten Jahrhunderts verworfen und die
Lehre über die heilige Eucharistie darauf zugestutzt, dass sie
nicht mehr als Opfer dargebracht werden könne. Die meisten
Protestanten haben ja den Glauben nicht nur an die Wesensverwandlung des Brodes und Weines in den Leib und das Blut
des Herrn, sondern auch den an die Gegenwart des Leibes und
Blutes Christi (in, cum, sub pane) aufgegeben, welche Luther
noch als eine neben und unter der unverändert bleibenden Brodes-
und Weinessubstanz einhergehende festhalten wollte. Aber auch
Luther schon hatte diese Gegenwart auf den Moment der Communion willkürlich beschränkt, unter dem Vorgeben, dass Christus
mit seinem Leibe nur deshalb gegenwärtig werde, um als Speise
genossen zu werden. Es geschah dies somit in der Absicht, um
das Opfer auszuschliessen [1]. Die Einsetzungsworte sollen nach
der Ansicht Luthers und nach der Concordienformel wohl wirksam (efficacia) sein, wenn sie in einer gottesdienstlichen Versammlung von einem Christen, mag er auch ein Laie sein, recitirt
werden; aber die Wirksamkeit sollen sie doch erst da erlangen,

---

Ordnung für die gesammte menschliche Gesellschaft wie die ewig stabile Grundlage des Heils für die einzelne Seele ist und bleibt der Altar im Heiligthum des
Herrn, die Stätte des Opfers und des Gebets, darüber keine Cultur hinauswächst."

[1] Ausgesprochen ist dies auch in der Formula Concordiae (VII, 15): „Nam
extra usum, dum reponitur aut asservatur in pyxide, aut ostenditur in pro-
cessionibus, ut fit apud Papistas, sentiunt non adesse corpus Christi."

wo die Austheilung des Brodes und Weines an die Anwesenden und die Communion hinzukommt [1]. Das heisst: die Einsetzungsworte sollen wirksam und doch wieder nicht wirksam sein; denn ihre Wirksamkeit wird einerseits willkürlich beschränkt und von einer Bedingung abhängig gemacht, welche weder von Christo dem Herrn, noch auch von der Kirche je als eine Bedingung für die Wirksamkeit der Consecration angegeben worden ist. Andererseits dehnte Luther die Wirksamkeit wieder ebenso willkürlich aus, wenn er jedem Laien die Consecrationsgewalt zuschrieb.

3. Das Concil von Trient hat diesen Irrlehren und Entstellungen des Glaubensinhalts gegenüber nicht nur die Lehre der Offenbarung und Kirche über die heilige Eucharistie als Sacrament, sondern auch die über das heilige Messopfer den Hauptsätzen nach definirt; das letztere geschah in der 22. Sitzung. Im ersten Kapitel wird die Einsetzung des eucharistischen Opfers durch unsern Herrn am Abend vor seinem Leiden auseinandergesetzt. Wenn Christus auch nur einmal seinen Leib am Kreuze in den blutigen Opfertod dahingegeben und dadurch die Erlösung aller Menschen bewirkt hat, so wollte er doch nicht, dass sein Priesterthum mit seinem Tode aufhören solle; vielmehr hat er beim letzten Abendmahle für seine Kirche ein immerwährendes sichtbares Opfer eingesetzt, wie die menschliche Natur ein solches verlangt, durch welches sein Kreuzesopfer fort und fort erneuert, das Andenken an dasselbe erhalten und die Früchte desselben zur Vergebung der Sünden den Gläubigen mitgetheilt werden sollten. Er hat bei dieser Gelegenheit nämlich seinen Leib und sein Blut unter den Gestalten des Brodes und Weines zuerst seinem himmlischen Vater dargebracht und dann seinen Aposteln zur Speise gereicht [2], indem er sie gleichzeitig zu Priestern be-

---

[1] Ib. nr. 83: „Haec autem benedictio seu recitatio verborum institutionis Christi sola non efficit sacramentum, si non tota actio Coenae, quemadmodum ea a Christo ordinata est, observetur; verbi gratia, cum benedictus panis non distribuitur, sumitur aut participatur, sed vel includitur, vel sacrificatur, vel circumgestatur.“

[2] L. c. cap. 1: „Sacerdotem secundum ordinem Melchisedech se in aeternum constitutum declarans, corpus et sanguinem suum sub speciebus panis et vini Deo Patri obtulit; ac sub earundem rerum symbolis Apostolis, quos tunc novi Testamenti sacerdotes constituebat: ut sumerent, tradidit.“ Cf. ib. can. 1.

stellte und ihnen den Auftrag und die Machtvollkommenheit über-
trug, dasselbe zu seinem Andenken zu thun.

Im zweiten Kapitel wird im speciellen definirt, dass das
eucharistische Opfer, weil dem Wesen nach identisch mit dem
Kreuzesopfer und nur in der Art und Weise der Darbringung
als ein unblutiges und commemoratives von dem blutigen und
absoluten verschieden, ebenso ein Sühnopfer sei wie jenes — ein
Sühnopfer in dem Sinne, dass den andächtig Theilnehmenden von
Gott die Gnade der Busse verliehen wird, durch welche sie sich
auf die heiligmachende Gnade und Sündenvergebung disponiren
können. Diese Identität des eucharistischen Opfers mit dem
Kreuzesopfer drücken die Väter zu Trient mit den Worten aus:
„Una enim eademque est hostia, idem nunc offerens sacerdotum
ministerio, qui seipsum tunc in cruce obtulit, sola offerendi ratione diversa. Cujus quidem oblationis cruentae, inquam, fructus
per hanc uberrime percipiuntur."

Worin jedoch diese **unblutige Opferhandlung** in der
heiligen Messe bestehe, so dass die Identität derselben mit dem
blutigen Opfer am Kreuze dadurch nicht aufgehoben und ihr
Zweck, zur Vergegenwärtigung und Fruchtbarmachung des Kreuzesopfers zu dienen, gewahrt und erreicht werde: das blieb der
Gegenstand für die Erörterungen und Erklärungsversuche der
kirchlichen Schulen in der nachtridentinischen Zeit, deren Re-
sultate in dieser Schrift einer prüfenden Beurtheilung und Fest-
stellung unterzogen werden sollen.

4. Selbst die vom Glauben erleuchtete **Vernunft** (ratio
theologica) findet die Lehre von dem Opfercharakter der heiligen
Eucharistie so congruent, dass sie•dieselbe als eine nothwendige
Consequenz aus dem aufstellen müsste, was der Herr über die
heilige Eucharistie geoffenbart und angeordnet hat. Ist Christus
mit seiner Gottheit und Menschheit, mit Leib und Seele, mit
Fleisch und Blut wahrhaft und wesentlich und substantiell unter
den Gestalten des Brodes und Weines vom Momente der Consecration an gegenwärtig, dann ist er auch als unser Hoherpriester
zugegen, weil er dies in dem Augenblick der Menschwerdung
geworden und in Ewigkeit auch im Himmel bleibt, und zugleich
auch als Opfergabe und mit derselben Opfergesinnung, aus

welcher sein ganzes irdisches Leben hervorgegangen ist, nur mit dem Unterschiede, dass er jetzt nach dem Abschluss des irdischen Lebens (peregrinationis ad patriam) nicht mehr verdienen oder Genugthuung leisten kann. Aber er intercedirt noch fort und fort für uns und theilt seine Gnadenschätze fort und fort an diejenigen aus, welche Empfänglichkeit dafür haben, indem er seinem himmlischen Vater das vergegenwärtigt und vorhält und sich auf das beruft, was er zu Gunsten des Menschengeschlechts geleistet hat. Daher bringt Christus, sobald er in der heiligen Eucharistie gegenwärtig wird, auch ein Opfer dar, und ein sichtbares, wenn nur irgend eine sichtbare Opferhandlung vollzogen wird. Und wenn die Kirche das Bedürfniss hat, nicht mit leeren Händen vor Gott zu erscheinen, ihn als Schöpfer und Gebieter, als Rächer des Bösen und gütigen Geber alles Guten durch Opfer zu ehren und zu preisen, so kann sie dies nicht in würdigerer Weise, als durch Vergegenwärtigung desjenigen Opfers, durch welches Gott von Christo in würdigster Weise verherrlicht worden ist, und durch Darbringung des werthvollsten Gutes, welches Christus ihr durch sein Testament hinterlassen hat — das ist: durch Darbringung seines allerheiligsten Fleisches und Blutes in der heiligen Eucharistie.

Wäre die heilige Eucharistie kein Opfer, dann gäbe es in der christlichen Religion überhaupt kein Opfer, noch ein eigentliches Priesterthum, was nicht nur den Weissagungen des Alten Testaments über das messianische Reich, sondern auch den religiösen Bedürfnissen der menschlichen Natur entgegen wäre. In der vorchristlichen Zeit hat es keine Religion ohne Opfer und Priesterthum gegeben [1]. Jede Religion will Wiederversöhnung und Wiedervereinigung mit Gott; und wie wäre diese möglich ohne Dahingabe des Menschen an Gott und Annahme derselben von seiten Gottes, von dem das eine wie das andere sich im Opfer und am vollkommensten im Kreuzes- und im eucharistischen Opfer vollzieht?

---

[1] Vgl. Melch. Canus, De loc. th. XIII, 18, p. 468 (ed. Salm. 1613)

II.

Die Erklärungen der nachtridentinischen Theologen über die Opferhandlung in der heiligen Messe.

So bestimmt und deutlich das Concil von Trient in der 22. Sitzung die Lehre der Offenbarung und Kirche von dem Opfercharakter der heiligen Eucharistie gegen die Irrthümer der Reformatoren auch definirt hatte: so öffnete sich doch noch bei der näheren Erklärung dieses Geheimnisses, welches den Mittelpunkt und gleichsam die Sonne des ganzen christlichen Cultes bildet, ein grosses und weites Gebiet für specielle theologische Untersuchungen historischer, liturgischer und dogmatischer Art. Die letzteren namentlich gehören zu den interessantesten in der nachtridentinischen Zeit und bezogen sich zum grossen Theile auf die Frage nach den wesentlichen Bestandtheilen der eucharistischen Opferhandlung. Die Väter und Scholastiker hatten sich darüber freilich auch schon ausgesprochen. Aber nunmehr war die heilige Eucharistie zu einem Controverspunkte geworden, über welchen nach allen Seiten hin und her gestritten und discutirt wurde. Das Concil von Trient hatte über die Opferhandlung in der heiligen Eucharistie nur gesagt, dass sie eine unblutige Erneuerung des Opfertodes Christi am Kreuze, dass das eucharistische mit dem Kreuzesopfer, mit Rücksicht auf den Opferpriester und die Opfergabe, somit wesentlich identisch, und nur die Art und Weise der Aufopferung eine verschiedene, bei dem einen eine blutige und bei dem andern eine unblutige sei. Damit war für die Theologen ein besonderer Anlass und Sporn gegeben, die Art und Weise der Aufopferung in der heiligen Messe genauer zu erklären, zumal ihnen von den Protestanten stets von neuem entgegengehalten wurde, dass die heilige Eucharistie auch von Christo selbst nur als Sacrament eingesetzt worden sei.

A. An erster Stelle unter den nachtridentinischen Theologen, welche die Lehre von der eucharistischen Opferhandlung eingehenden Erörterungen unterzogen haben, ist Melchior Canus zu nennen, der auf dem Concil zu Trient an vielen Verhand-

lungen einen hervorragenden Antheil genommen hat. Seine
Ansichten über diese Frage entwickelt er in dem berühmten
apologetischen Werke „De locis theologicis"; aber dieselben sind,
wie auch noch in einzelnen anderen Fragen der Theologie, der-
art, dass sie in den kirchlichen Schulen keinen Anklang gefunden haben. Schon gleich der Begriff vom Opfer, mit dessen
Erklärung er beginnt, scheint seinen Ansichten über die eucharistische Opferhandlung angepasst zu sein; oder er hat sich
dadurch von vornherein präoccupiren lassen. Denn er hebt
zwar richtig hervor, dass das Opfer im allgemeinen ein Act der
Gottesverehrung (actus religionis) und auf die Anerkennung der
Herrschaft und Majestät Gottes gerichtet sei, unterscheidet auch
von dem Opfer im allgemeinen (oblatio), d. i. von der Darbringung irgend eines Gutes für Gott, das Opfer im besondern
(sacrificium); aber das Unterscheidende des letzteren wird zu
unbestimmt gefasst, wenn er im Anschluss an die Worte des
hl. Thomas[1] die Vornahme irgend einer Veränderung an der
Opfergabe für hinreichend zum eigentlichen sacrificium[2] erklärt.
Sollten irgend welche äussere Ritus, die an der Opfergabe zu einer
Veränderung derselben vorgenommen wurden, hinreichen, um
die oblatio zum sacrificium zu machen: dann konnte er leicht
zu der Meinung kommen, für die eucharistische Opferhandlung
gebe es vier wesentliche Bestandtheile: die Consecration, die
durch Worte ausgedrückte Aufopferung des Leibes und Blutes
Christi nach der Consecration (Unde et memores — Supplices te
rogamus etc.), die Brechung der Brodesgestalten nebst Mischung
der beiden Gestalten und die Communion[3]. Die Brechung der
Brodesgestalten und die Eintunkung eines Theiles derselben in den
Kelch soll nach seiner Meinung auch eine Darstellung des Todes
Christi sein[4]. Indes diesen Bestandtheil der Liturgie wie auch die

---

[1] S. th. II, 2, qu. 85, a. 3 ad 3. dicendum: „Quod sacrificia proprie
dicuntur, quando circa res Deo oblatas aliquid fit."

[2] De locis th. XIII, 13.

[3] Ib.: „Manet igitur, non consecrationem modo et oblationem, verum et
fractionem quoque ac consumptionem ad integritatem externi sacrificii pertinere."

[4] Ib. (p. 466, ed. Salm. 1613): „At hisce ceremoniis crucis immolationem
designamus."

in Worten ausgeprägte Aufopferung haben alle nachfolgenden
Theologen als wesentliche Theile der eucharistischen Opferhandlung fallen gelassen. Die Opferhandlung besteht ihrem
Wesen nach nicht in Worten, sondern kommt eben als symbolische Handlung zu Stande, insofern dadurch die Darbringung
einer Gabe an Gott ausgedrückt wird. Und die Brechung be-
rührt eben nur die Gestalten, nicht aber die Opfergabe, welche
der Leib und das Blut Christi sind. Ob aber die noch übrig
bleibenden Theile der Opferfeier, die Consecration und Communion, zusammen das Wesen der Opferhandlung bilden, oder
nur die Consecration: das ist eben vornehmlich der Gegenstand
der Controverse für die nachfolgenden Theologen geworden,
welche ich nach den einzelnen Stufen und Stadien ihrer Entwicklung darzustellen beabsichtige, um das Resultat aus diesen
Erörterungen mit annähernder Gewissheit festzustellen.

    B. Bellarmin († 1621) hat in seinen „Controversen"
alle von den Protestanten angegriffenen Glaubenslehren der
Kirche auf das gründlichste vertheidigt, unter diesen auch die
über das Opfer der heiligen Messe in zwei Büchern. Nachdem er sich für die Ableitung des Wortes Missa von dem
lateinischen Missio (wie denn auch andere ähnliche Formen,
z. B. offensa und offensio vorkommen) erklärt hat, stellt er die
Definition vom Opfer im engern Sinne auf: „Sacrificium est
oblatio externa facta soli Deo, qua ad agnitionem humanae in-
firmitatis et professionem divinae Majestatis a legitimo ministro
res aliqua sensibilis et permanens ritu mystico consecratur et
transmutatur." [1]   Die nachfolgenden Theologen haben nicht mit
Unrecht an dieser Begriffserklärung auszusetzen gehabt, dass
weder die ausdrückliche Anerkennung der eigenen Schwäche,
weil sie mit der der göttlichen Majestät und Oberherrlichkeit
schon zusammenfällt, noch auch die Darbringung durch einen
förmlich dazu bestellten Priester für jedes Opfer, somit auch
für das auf dem Standpunkte der Natur, absolut nothwendig
und wesentlich sei. Bei dem öffentlichen Opfer einer, wenn
auch etwa auf die Familie beschränkten, religiösen Genossen-

---

[1] De missa I, 2.

schaft trifft die Bestellung des Priesters wohl zu. Aber es konnte auf dem Standpunkte der Natur auch private Opfer geben, und für solche war dann ein förmlich bestellter Priester nicht nothwendig. Andererseits will sich Bellarmin durch Hervorhebung der consecratio et transmutatio der Opfergabe als wesentlichen Bestandtheilen der Opferhandlung schon von vornherein den Weg zu seinem Ziele bahnen, neben der Consecration der beiden getrennten Gestalten noch einen andern Bestandtheil des eucharistischen Opfers als einen wesentlichen geltend zu machen.

Mit Rücksicht auf die Materie oder Gabe waren die alttestamentlichen Opfer, welche für das auserwählte Volk durch Gott im Gesetze genau bestimmt worden, entweder Thieropfer (victimae) oder Opfer in anderen festen Gegenständen, in Brod, Weihrauch, Salz u. dgl. (immolationes), oder in flüssigen Gegenständen (libamina), bei welch letzteren sich der mystische Ritus, durch welchen die Dahingabe an Gott symbolisch ausgedrückt werden sollte, von selbst als eine Ausgiessung oder Besprengung gestaltete. Die Art und Weise der Darbringung richtete sich aber nicht bloss nach der Verschiedenheit der Opfergabe, sondern auch nach dem verschiedenen Zweck des Opfers. Danach waren die Opfer entweder Brandopfer zur vorherrschenden Anerkennung der göttlichen Allmacht und Majestät, oder Sühnopfer zum Bekenntniss der Gerechtigkeit Gottes und der eigenen Schuld und Straffälligkeit, mit der Absicht, Genugthuung für die Schuld und den Frevel der Sünde zu leisten, oder Bitt- und Dankopfer zur Verherrlichung der Güte Gottes. Wie das Kreuzesopfer als die Erfüllung und Vollendung aller Opfer alle Arten derselben in sich fasste, so gilt dasselbe auch von der unblutigen Erneuerung desselben in der heiligen Messe. Sie ist ein Sühn-, Anbetungs-, Bitt- und Dankopfer zugleich.

Zu den vier von Melchior Canus angeführten Bestandtheilen der eucharistischen Opferfeier, welche er als integrirende festhält, fügt er noch einen fünften integrirenden Bestandtheil hinzu, nämlich das sogen. Offertorium, d. i. die Aufopferung und Weihe der materiellen Substanzen, des Brodes und Weines. Von diesen fünf Bestandtheilen sollen nach Bellarmin zwei wesentlich für das Opfer sein: die Consecration und die Communion. Die letztere gilt ihm als die dem Opfer wesentliche Veränderung oder Vernichtung der Opfergabe, und daher gewinnt die Consecration für das Opfer in seiner Theorie eine sehr enge Bedeutung. Er denkt sich dieselbe ähnlich als die Weihe oder Segnung einer Gabe zu einem Opfer für Gott, und will sie nicht deshalb für einen wesentlichen Bestandtheil der Opferhandlung halten, weil darin eine mystische Erneuerung des Opfertodes Christi zu Stande komme, oder weil dadurch eine Verwandlung der Opfergabe, des Brodes in den Leib und des Weines in das Blut des Herrn, vollzogen werde, sondern nur deshalb, weil dadurch ein profaner Gegenstand zu einem heiligen, ja zu dem heiligsten, zum allerheiligsten Leibe und Blute des Herrn, werde und die Bestimmung zu einer vollständigen Vernichtung in der heiligen Communion erhalte [1]. Wenngleich die Opferhandlung, durch welche die Dahingabe an Gott äusserlich und symbolisch ausgedrückt werden soll, in der Regel auch solche Seiten und Bestandtheile hat, denen man eben wegen der Symbolik diese oder jene nähere oder entferntere Beziehung zu dem Zwecke der Handlung unterlegen kann, wogegen die in Worten ausgeprägte Form bei den sacramentalen Zeichen gewöhnlich einen genau bestimmten Sinn hat: so liegt doch in der blossen Segnung und Weihe eines Gegenstandes für den Gottesdienst oder für Gott nicht das, was die Consecration zum Wesen der eucharistischen Opferhandlung macht. Schon das sogen. Offertorium hat diese Bedeutung einer Weihe; wie es denn deren mehrere in der Liturgie gibt.

Der andere Bestandtheil des eucharistischen Opfers, die Communion, welcher von Bellarmin ebenfalls für einen wesentlichen angesehen wird, hat auch keine richtige Auslegung für die Opferhandlung erhalten, wenn in ihr die zu einem Opfer wesentliche Destruction der Opfergabe gefunden wird [2]. Die Opfergabe, das allerheiligste Fleisch und Blut Christi, wird

---

[1] L. c. n. 27: „Tertio per consecrationem res quae offertur ad veram, realem et externam mutationem et destructionem ordinatur, quod erat necessarium ad rationem sacrificii.“

[2] Ib.: „Quod autem (communio) sit pars essentialis, inde probatur, quia in tota actione Missae, ut mox ostendemus, nulla est alia realis destructio victimae praeter istam; requiri autem realem destructionem supra probatum est.“

nämlich wohl genossen, aber nicht destruirt oder vernichtet. Die heilige Communion vermittelt eine mystische Vereinigung zwischen Christo nach Gottheit und Menschheit, nach Seele und Leib einerseits und den Gläubigen andererseits, ähnlich wie die heiligmachende Gnade für den Geheiligten eine unmittelbare Theilnahme an dem Wesen Gottes des Heiligen Geistes bewirkt; aber an eine Vernichtung der Opfergabe kann nicht im entferntesten gedacht werden. Mit der heiligen Communion ist zwar ein Aufhören der sacramentalen Gegenwart des Leibes Christi unter den Gestalten des Brodes und Weines verbunden; aber auch darin liegt ebenso wenig eine Aufopferung an Gott ausgedrückt, wie in einer anderweitigen Vernichtung der sacramentalen Gestalten durch Verbrennen oder durch einen andern natürlichen Process. Destruirt werden so nur die Gestalten des Brodes und Weines, welche nicht die Opfergabe bilden, höchstens nur als Vorbedingungen und Gefässe zur Opfergabe gerechnet werden können. Dieses und noch manches andere ist gegen diese Auffassung Bellarmins von den späteren Theologen geltend gemacht worden. Er ist zu derselben deshalb gekommen, weil er eine reale Destruction der Opfergabe für nothwendig zum Opfer erachtete und eine solche nur in der Communion finden zu können meinte.

III.

(Fortsetzung.)

Die Erklärungsversuche des Vasquez, Suarez, Lessius und de Lugo.

A. Gründlichere Erörterungen über das Wesentliche der eucharistischen Opferhandlung gibt Vasquez († 1604) in seinem Commentar zur Summe des hl. Thomas, obwohl derselbe auf anderen Gebieten, namentlich in der Gnadenlehre, auch solche Sätze vertheidigt, welche keine Anhänger gefunden haben. In diesem Punkte sind aber seine Erklärungen von dem Einflusse geworden, dass seine Auffassung wenigstens nach einer Seite hin in der Folge allgemein als sententia communis theologorum

angenommen wurde, weil sie von dieser Seite in der besten
Uebereinstimmung mit den Aussprüchen der Väter und Scholastiker, sowie mit den Beschlüssen des Concils von Trient steht.
Die Untersuchung geht auch bei ihm vom Begriffe des Opfers
aus. Opfer ist ein Act der Gottesverehrung (actus religionis),
dieser Tugend wesentlich und entweder eine oblatio im allgemeinen, oder ein sacrificium im besondern, je nachdem Gott zur
Anerkennung seiner Oberherrschaft entweder eine Gabe einfach
dargebracht wird (oblatio), oder ausserdem noch die Veränderung
oder Zerstörung der Opfergabe hinzukommt (sacrificium). Vasquez will aber zudem in dem Begriffe des einen und andern
Opfers noch das Formelle ausgedrückt haben, dass wir durch
die oblatio Gott als den Herrn (dominus) aller Dinge, durch
das sacrificium als den Schöpfer alles Seins, als den Herrn über
Leben und Tod (autorem vitae et mortis) anerkennen und verherrlichen wollten [1]. Dem steht jedoch entgegen, dass es im
Alten Bunde auch Speise- und Friedopfer gab (3 Mos. 2 und 3),
die wir doch als sacrificia bezeichnen müssen, ohne dass durch
dieselben gerade Gottes Herrschaft über Leben und Tod anerkannt
werden sollte. Wohl trifft das Gesagte zu, wenn an die Brandopfer gedacht wird, durch deren Darbringung (nach 3 Mos. 1, 3)
Gott ebenfalls versöhnt werden sollte, und an die Sünd- und
Schuldopfer, für welche die Tödtung und Verbrennung oder Vernichtung des Opferthiers erforderlich war. Auf diese trifft die
Definition des Vasquez allerdings zu; ihnen lag nicht nur das
Bekenntniss eigener Schwäche und Unterwürfigkeit, sondern

---

[1] Disp. 220, c. 3, n. 22: „Jam vero inter illa tria haec differentia assignari debet, ut adoratio sit submissionis nota, nempe cum re aliqua exterius
denotamus, nos Deo submitti et subjici tanquam Domino et superiori, atque
idcirco duo, nempe nostram animi submissionem et Dei excellentiam adora-
tionis nota significamus. Simplici autem oblatione non denotamus submissionis nostrae affectum erga Deum neque illius excellentiam, cui subji-
ciamur ut inferiores, sed dominium ipsius universale. . . . Demum ut sacrificium sit nota divinae omnipotentiae, qua est autor vitae et mortis et
cujus nutu res omnes esse et destrui possunt: et ideo ex parte rei quae pro
nota sacrificii assumitur, requiritur immutatio, ut ea denotemus ita nos a Deo
pro nutu voluntatis ipsius destrui et conservari posse, sicut res oblata in sacrificium a nobis immutatur.“

auch das Schuldbewusstsein, die Anerkennung der Gerechtigkeit
Gottes und die Sehnsucht zu Grunde, durch eine Genugthuung
oder freiwillige Uebernahme einer Strafe, zu welchem Behufe
das Opferthier für die eigene Person substituirt wurde, die Versöhnung mit Gott wiederzuerlangen[1]. Insofern die meisten
eigentlichen Opfer (sacrificia) des Menschen im erbsündlichen
Zustande diesen Charakter einer gewissen Sühne mehr oder
minder an sich tragen, ist die Begriffsbestimmung des Vasquez
richtig, und er hebt dies selbst hervor[2]. Sie trifft daher vornehmlich nur bei den alttestamentlichen Thieropfern zu, obwohl
Vasquez, aber gezwungenerweise, auch im Opfer Melchisedechs
und in dem Opfer der Schaubrode die erwähnte Opferhandlung
der Vernichtung (destructio) in dem Mahlen und Zubereiten des
Korns zum Brode finden will[3]. Dem sei wie ihm wolle: beim
Kreuzesopfer, der Vollendung und Erfüllung aller Opfer, trifft
das Gesagte vollkommen zu. So kommt Vasquez zur Definition
eines Opfers im engern angegebenen Sinne, und zwar zu einer
doppelten, je nachdem er mehr die Opferhandlung hervorheben
will oder die Opfergabe. Die erstere lautet: „Sacrificium est
nota existens in re (id est signum, quod est in rebus, non in
verbis), qua profitemur Deum autorem vitae et mortis." Dem-
gemäss ist das sacrificium eine äussere, wirklich existirende
Gabe, welche durch die daran vollzogene Handlung Gott zur
Anerkennung seiner Herrschaft über Leben und Tod dargebracht
wird. Die andere, welche die Opfergabe für das Opfer nimmt, lautet:
„Sacrificium est res, quae per sui immutationem Deo offertur."

Noch wichtiger für die Erklärung der eucharistischen Opferhandlung ist die von Vasquez auch im Ausdruck durchgeführte

---

[1] 3 Mos. 17, 11: „Denn die Seele des Fleisches ist im Blute; und ich
habe es euch gegeben, um auf dem Altare damit Versöhnung zu thun für
eure Seelen, auf dass für eure Seele das Blut zur Versöhnung sei."

[2] L. c. u. 25: „Nam sacrificium Deo offerri consuevit ad placandum ipsum,
ut ita aliquid ab eo impetremus et in gratiarum actionem, nimirum quod ejus
omnipotentiam revereamur et timeamus, qui nisi placetur facile nos perdere
posset; et facile id quod ejus gratia consecuti sumus aut etiam nos in nihilum
quoque redigere potuisset, ne ullo modo illud consequeremur."

[3] Ib. n. 27.

Unterscheidung zwischen „absolutem" und „relativem" Opfer,
je nachdem die Destruction der Opfergabe eine reale und vollständige, oder, wie beim relativen, von dem die heilige Messe
das einzige Beispiel ist, bloss in einer mystischen und unblutigen
Immolation zur Erneuerung des absoluten Opfers besteht[1]. Diese
Eintheilung wird von den Gegnern dieser Auffassung vornehmlich angegriffen, und sie hat den nachfolgenden Theologen den
meisten Anlass zu Versuchen gegeben, irgend eine reale Immolation und Destruction der Opfergabe auch in der heiligen Messe
nachzuweisen. Freilich kommt es darauf an, welcher Art die bloss
symbolische Destruction, ob sie eine willkürliche oder von Gott
angeordnete, ob die Opfergabe und der Opferpriester wirklich
zugegen oder nicht, ob das absolute Opfer von einem solchen
Werthe und von einer solchen Tragweite ist, dass es ein stets
fruchtbares und einer fortgesetzten Repräsentation fähig wie würdig ist und in derselben wirksam bleibt. Alles dieses trifft nur bei
dem Verhältniss des eucharistischen Opfers zum Kreuzesopfer zu,
und insofern hat Vasquez durch den Ausdruck „absolutes" und
„relatives" oder commemoratives Opfer ganz dasselbe ausgedrückt,
was die Väter zu Trient (S. XXII, c. 2) sagen: „Et quoniam in
divino hoc sacrificio, quod in Missa peragitur, idem ille Christus
continetur et incruente immolatur, qui in ara crucis semel seipsum cruente obtulit." Wenn nun gar in neuerer Zeit einige
den Erklärungsversuch des Vasquez, welcher eine bildliche Darstellung des Todes Christi für genügend zur Opferhandlung erklärt habe, dadurch verbessern wollen, dass sie auf eine durch
die doppelte Consecration vollzogene mystische oder sacramentale Trennung des Blutes vom Leibe Christi hinweisen, so
geben sie nichts mehr an, als was Vasquez schon ausdrücklich
hervorgehoben hat[2].

---

[1] Ib. n. 26: „Aliud vero dici potest relativum seu commemorativum,
cujus exemplum solum habemus in sacrificio altaris, quod commemorativum
dici potest; et quamvis in hoc non fiat immutatio rei, quae hoc modo offertur,
reperitur tamen vera significatio, et nota divinae omnipotentiae, sicut in sacrificio absoluto" etc.

[2] Disp. 223, n. 37: „Porro suapte natura habere analogiam cum morte
Christi patet: quia cum ex vi verborum sub specie panis solum corpus Christi

Im Gegentheil, wenn sein Erklärungsversuch nach seinen hauptsächlichsten Momenten in Betracht gezogen wird, so erscheint er in den meisten Punkten als höchst zutreffend. Das Kreuzesopfer ist das vollkommenste absolute Opfer, mag man auf den Opferpriester, die Opfergabe oder die Opferhandlung sehen; in ihm haben alle vorbildlichen Opfer des Alten Bundes ihre Erfüllung erhalten; durch dasselbe ist die Erlösung des ganzen Menschengeschlechtes bewirkt worden. Die äussere Opferhandlung desselben ist die vom freien Willen ausgehende Uebernahme des blutigen Kreuzestodes von seiten des Gottmenschen. Danach bestimmt sich auch die Opferhandlung beim eucharistischen Opfer, welches der Herr als Vorfeier von seinem Kreuzestode am Abend vor seinem Leiden selbst dargebracht und seinen Aposteln zu seinem Andenken, speciell zur Erinnerung an seinen Opfertod und zur Erneuerung und Fruchtbarmachung desselben, zu feiern befohlen hat. Sie kann nur in der unblutigen Erneuerung des Opfertodes Christi am Kreuze bestehen, und diese vollzieht sich in der von Christo angeordneten Consecration der beiden getrennten Gestalten, insofern dadurch die am Kreuze vollzogene Trennung des Blutes vom Leibe Christi dargestellt und mystisch wiederholt wird[1]. So haben die Väter die eucharistische Opferhandlung aufgefasst[2], so auch der hl. Thomas[3].

---

et sub specie vini solus sanguis constituatur, licet sub qualibet specie totus Christus per concomitantiam sit, ex utriusque speciei consecratione hoc modo facta conflatur repraesentatio quaedam separationis sanguinis a corpore, per quam fit mors et dicitur mystica separatio, mors etiam ipsa repraesentatur, et ideo mystica mactatio dicitur."

[1] Disp. 222, c. 7: „Dico igitur actionem consecrationis eatenus solum sacrificium seu actionem immolandi esse, quatenus per illam efficitur, ut ipso corpore et sanguine Christi consecrato, et realiter ibi contento cruentum illius sacrificium quod in cruce oblatum est, repraesentetur."

[2] Cf. Aug. C. Faust. XX, 21: „Hujus sacrificii caro et sanguis ante adventum Christi per victimarum similitudinem promittebatur, in passione Christi per ipsam veritatem reddebatur, post ascensum Christi per sacramentum memoria celebratur."

[3] S. th. III, qu. 83, a. 1: „Celebratio autem hujus sacramenti imago quaedam est repraesentativa passionis Christi, quae est vera ejus immolatio, et ideo celebratio hujus sacramenti dicitur Christi immolatio.

Auf die gewöhnliche Einwendung, dass bei jedem Opfer eine reale Destruction der Opfergabe stattfinden müsse, antwortet er, dass das relative Opfer der heiligen Eucharistie eine Ausnahme bilde und eine solche statthaft sei, weil das Formelle an der Opferhandlung, nämlich die Anerkennung der Herrschaft Gottes über Leben und Tod, auch beim relativen Opfer in der mystischen Trennung des Blutes vom Leibe Christi zur äussern Darstellung komme[1]. Er hätte noch hinzufügen können, dass der eigentliche Opferpriester die innere Opferhandlung bei dieser mystischen Immolation actuell wiederhole; obgleich Vasquez unrichtigerweise dies nicht annimmt, wie unten gezeigt werden soll. Wohl aber hebt er hervor, dass eine figürliche Darstellung der Opferhandlung allein für das relative Opfer nicht genüge, dass vielmehr die reale Gegenwart oder reale Wiedervergegenwärtigung der Opfergabe dazu erforderlich sei[2].

Eine auf der Bühne ausgeführte bildliche Darstellung des Opfers Abrahams oder der Tochter Jephte's würde also kein relatives Opfer sein, weil es an der realen Gegenwart der Opfergabe fehlen würde. Dazu kommt, dass solche Opfer schwacher Menschen nur einen kleinen Wirkungskreis haben und darüber hinaus nicht einmal als wirksame durch ein commemoratives Opfer repräsentirt werden können, weil sie darüber hinaus keinen Werth für Gott oder die Menschen haben.

Eine genauere Erklärung erhält die mystische Immolation oder Erneuerung des Opfertodes Christi in der heiligen Messe bei der Beantwortung der Frage nach der Nothwendigkeit der beiden getrennten Gestalten. Wäre nämlich die alleinige Consecration des Brodes, wie sie hinreicht für die Wesensverwand-

---

[1] Disp. 222, n. 65.

[2] Disp. 222, n. 67: „Nam quo pacto vere et re ipsa in sacrificium offerri dici potest id, circa quod actio sacerdotis offerentis non re ipsa, sed tantum similitudine quadam et in figura versatur? Ceterum cum ipsemet Christus sit sub speciebus panis et vini, et circa illum actio sacerdotis offerentis ipsa ita versetur, ut ipsemet per species panis et vini ex modo peculiari quo a sacerdote consecratur repraesentet cruentam et realem mortem sui ipsius, et ea repraesentatione denotet Deum autorem vitae et mortis, quamvis non dicatur re ipsa et vere, sed in sola figura et similitudine occidi et mori, tamen vere et re ipsa immolari et in sacrificium offerri dicitur.“

lung desselben in den Leib des Herrn, somit auch zur Vergegenwärtigung des Opferleibes, zugleich hinreichend für das
Wesen des eucharistischen Opfers: so müsste dementsprechend
auch die Opferhandlung und die unblutige Erneuerung des
Opfertodes in der heiligen Messe anders erklärt werden, als
wenn beide Gestalten zum Opfer nothwendig sind, und beide
Consecrationen moralisch miteinander verbunden eine Opferhandlung ausmachen. Das erstere nahmen damals und nehmen
auch jetzt noch einzelne Theologen an, wenngleich alle die
Pflicht (necessitas praecepti) für den Priester, unter den beiden
Gestalten zu opfern und zu communiciren, anerkennen und zwar
als eine solche ex jure divino, die Christus mit den Worten:
„Dies thut zu meinem Andenken" den Aposteln und ihren Nachfolgern aufgelegt hat; obwohl vereinzelte nur eine Pflicht ex
jure ecclesiastico annehmen, namentlich die, welche der Kirche
die Dispensationsgewalt in diesem Gesetze zuschreiben wollen.

Diese letzteren berufen sich auf das Beispiel des Herrn zu
Emmaus, wo er nur das Brod consecrirt und seinen Jüngern
gebrochen und dann, nachdem er erkannt worden, verschwunden
sei. Indes zugegeben, dass der Herr daselbst consecrirt hat,
so würde daraus doch nur die Giltigkeit der Consecration einer
Gestalt sich ergeben, aber noch nicht das Hinreichende derselben für das Opfer, weil von keiner Seite gelehrt wird, dass
der Herr daselbst das Opfer dargebracht habe. Für die heilige
Communion und für den Zweck, sich den Jüngern kenntlich zu
machen, reichte die Consecration des Brodes hin. — Dieselben
haben sich auch auf angebliche päpstliche Dispensen berufen,
namentlich auf eine solche von Innocenz VIII., nach welchen
für nordische Gegenden die Feier des eucharistischen Opfers
bei der alleinigen Gestalt des Brodes gestattet worden sei.
Dieselben sind jedoch unecht[1]. Im Gegentheil, die Väter haben
die Consecration beider Gestalten als eine göttliche Vorschrift
angesehen, und die Kirche hat dieselbe immer beobachtet und
die Beobachtung durch besondere Gesetze auch für den Fall

---

[1] Cf. Disp. 223, c. 3. Die Nachricht rührt von einem Volaterranus,
Geographiae VII, 4, her, welcher keine Quelle für seine Angaben anführt.

vorgeschrieben, wenn ein Priester nach der Consecration des Brodes erkranken oder bei der Sumtion des Kelches bemerken würde, dass er statt des Weines Wasser genommen. Im erstern Falle muss ein anderer, auch nicht nüchterner Priester das Opfer ergänzen, und im zweiten Falle muss der Priester die Consecration des Weines und die Sumtion desselben nachholen [1]. Die Scholastiker haben fast einstimmig in den Worten: „Dies thut zu meinem Andenken" eine göttliche Vorschrift (praeceptum juris divini) erkannt [2], in welcher die Kirche nicht dispensiren kann; ja sie sehen die Beobachtung dieser Vorschrift als eine Bedingung zur Giltigkeit des Opfers an, d. h. somit für nothwendig necessitate medii für den genannten Zweck des eucharistischen Opfers, damit es eine Repräsentation des Kreuzesopfers werde.

Vasquez betrachtet daher die Consecration nicht in dem Sinne als wesentlich für das Messopfer, weil dadurch der Opferleib gegenwärtig wird. Das blosse Gegenwärtigwerden des Opferleibes weist weder auf den Tod, noch weniger auf den gewaltsamen Opfertod hin [3]. Sie ist auch nicht deshalb nothwendig, weil dadurch das Brod seiner Substanz nach in die Substanz des Leibes Christi verwandelt und so der zum Opfer wesentlichen immutatio unterworfen wird. Denn nicht Brod und Wein bilden die Opfergaben, welche Gott dargebracht werden, sondern der Leib und das Blut des Herrn; an diesen muss die Opferhandlung vorgenommen werden. Dazu kommt, dass die Wesensverwandlung des Brodes in den Leib des Herrn für das Brod keine Erniedrigung, sondern eine Erhöhung und einen Uebergang in etwas viel Vollkommeneres in sich schliesst und daher keine Opferhandlung sein kann. Bei einer solchen Auffassung würde die Consecration einer einzigen Gestalt zum Opfer an sich genügen, und es wäre unerklärt, warum der Herr die beiden getrennten Gestalten vorgeschrieben hat.

Einige haben noch einen andern Versuch gemacht, um die Consecration einer einzigen Gestalt für hinreichend zum Opfer

---

[1] Conc. Tolet. VII, c. 2; XI, c. 14.
[2] Cf. Thom. S. th. III, qu. 80, a. 12 ad 3.
[3] Disp. 223, n. 45.

zu erklären, und sagen, der Opfertod Christi bestehe in der Trennung der Seele vom Leibe, und dieser Tod des Herrn werde schon durch die Consecration des Brodes dargestellt, insofern durch die Wesensverwandlung desselben ex vi verborum der Leib und erst per concomitantiam auch die Seele und Gottheit des Herrn gegenwärtig werde. Indes der Tod als solcher ist noch kein Opfertod, dies wird der Tod erst durch die gewaltsame Trennung des Blutes vom Leibe. Daher war die Schlachtung der Opferthiere im Alten Bunde und die Vergiessung ihres Blutes ein Vorbild des Kreuzesopfers, und daher wird die Opferhandlung auf Golgatha eine blutige (immolatio cruenta) in der Kirchensprache genannt. Der Tod gehörte nur als die Folge der Schlachtung mit zur Opferhandlung, machte aber nicht als solcher, als ein Verenden der Opferthiere, das Wesen der Opferhandlung aus. Soll also das Kreuzesopfer mystisch erneuert werden, so muss eben die gewaltsame Trennung des Blutes vom Leibe sacramentaliter oder mystisch wiederholt werden, und das geschieht durch die Consecration der beiden getrennten Gestalten. Wenn auch durch die Consecration des Brodes ex vi verborum nur der Leib des Herrn gegenwärtig wird, so ist er durch Nichterwähnung des Blutes noch nicht als ein verbluteter (corpus exsanguine) dargestellt; dies geschieht erst, wenn die Consecration des Kelches hinzutritt, durch welche das Blut des Herrn als sacramentaliter vom Leibe getrennt gegenwärtig wird [1].

Freilich ist die Nothwendigkeit der Consecration beider Gestalten für das eucharistische Opfer in der Anordnung Christi begründet (ex jure divino positivo), so dass Christus möglicherweise das eucharistische Opfer auch unter einer Gestalt hätte einsetzen können. Aber eine deutliche mystische Wiederholung seines Opfertodes hätte Christus dann nicht angeordnet, keine so congruente, wie er sie jetzt in der Consecration beider Gestalten eingesetzt hat.

Diese Darstellung und mystische Erneuerung des Opfertodes Christi dauert aber nun auf dem Altare nicht etwa solange fort, als die beiden Gestalten nebeneinander existiren.

---

[1] Ib. nr. 46.

Die Opferhandlung ist als solche stets etwas Vorübergehendes
(ein fieri) und wird in dem Momente des Gegenwärtigwerdens
des Leibes und Blutes Christi unter den beiden getrennten Gestalten als ein Act vollzogen[1]. Nur die Opfergabe bleibt auf
dem Altare gegenwärtig, solange die Gestalten ihr Sein bewahren.

Bis dahin muss die Auseinandersetzung des Vasquez als eine
höchst gründliche und der Kirchenlehre entsprechende bezeichnet
werden. Aber in anderen mehr nebensächlichen Punkten hat er
doch vielen Widerspruch gefunden, und in einzelnen verdient er
denselben. Er will nicht nur die Substanzen des Brodes und Weines,
sondern auch die nach der Consecration zurückbleibenden Gestalten des Brodes und Weines von der Opfer g a b e ausschliessen
und letztere nur Bestandtheile der Opfer h a n d l u n g nennen,
insofern diese ohne dieselben nicht vollzogen werden kann[2].
Die Substanzen des Brodes und Weines gehören jedenfalls nicht
wesentlich zur Opfergabe, sondern nur zur Vorbereitung; aber
die Gestalten des Brodes und Weines sind doch wesentlich für
die Sichtbarkeit des Opfers und für die Opferhandlung. Wenn
nun einige sie als Bestandtheile der Opfer g a b e ansehen, so
kommen sie in dieser Hinsicht als Coefficienten des Werthes
der Opfergabe gar nicht in Betracht; weshalb es richtiger ist,
sie als wesentliche Bestandtheile der Opferhandlung zu erklären,
zumal dann die vom Concil zu Trient betonte Identität der
Opfergabe beim Kreuzes- und beim eucharistischen Opfer fest-
gehalten wird. Die Consecrations w o r t e sind dagegen mit dem
Opferschwerte zu vergleichen[3], weil durch sie wie durch ein

----

[1] Ib. nr. 40: „Dixi in ea separatione considerata ut a c t i o n e rationem
hujus sacrificii et essentiam consistere, nam existentia illa sub speciebus vir-
tute verborum prout permanens in facto esse non est ipsa immolatio et actio
sacrificandi, sed Christus eo modo permanens dicitur sacrificium pro re immolata.“

[2] Ib. n. 43: „Deinde pronuntio species panis et vini, quae in hoc sa-
cramento manent, non pertinere essentialiter ad rem oblatam, ut quidam as- •
serunt, sed ad ipsam oblationem et actionem sacrificandi, nam si ad rem
oblatam pertinerent, non esset idem omnino id quod offertur in hoc sacrificio
et id quod in cruce oblatum fuit, et diversus modus existendi non solum esset
causa diversi modi oblationis, sed etiam diversae rei oblatae.

[3] Cf. G r e g. N a z. Ep. 171. — Meine Dogmen-Gesch. II, 1044. — S. auch
die unten citirte Stelle bei L e s s i u s S. 37, Anm. 1.

Instrument die mystische Trennung des Blutes vom Leibe Christi bewirkt wird.

Die Communion des Priesters erklärt Vasquez im Gegensatz zu Bellarmin nicht für einen wesentlichen Bestandtheil der Opferhandlung, weil die darin gefundene Vernichtung oder Destruction, welche dem Opfer wesentlich sei, gar nicht die Opfergabe, den Leib und das Blut Christi, sondern nur die Gestalten des Brodes und Weines treffe. Wäre eine Destruction dieser Gestalten für das eucharistische Opfer wesentlich, dann würde auch die Verbrennung, oder jede andere Auflösung der Gestalten, oder die Communion des Laien, ja selbst die unwürdige Communion, ein wesentlicher Bestandtheil der Opferhandlung werden. Zuletzt kommt in der heiligen Communion keine Hingabe eines Gutes an Gott zur Anerkennung seiner Majestät und Oberherrlichkeit und deshalb auch kein Opfer zu Stande [1]. — Auch in diesem Punkte ist schwerlich etwas Begründetes gegen die vorgelegte Auseinandersetzung einzuwenden.

Wohl aber verdient Vasquez den Widerspruch, welchen er wirklich gefunden, wenn er auf dem Gebiete der Möglichkeiten zu weit geht und meint, dass Christus, wenn er seine Gegenwart in der heiligen Eucharistie nur als eine solche „in, cum, sub pane" gewollt und angeordnet hätte, auch damit die heilige Eucharistie schon als ein commemoratives Opfer eingesetzt haben würde, weil auch dann schon eine mystische Trennung zwischen dem Leibe und Blute Christi zu Stande kommen würde, indem Christus seinem Leibe nach in dem Brode und seinem Blute nach in dem Gefässe des Kelches zugegen sein würde [2]. Allein die heilige Eucharistie würde dann weder als Sacrament noch auch als Opfer das sein, was sie jetzt ist. Die Verbindung des Leibes und Blutes Christi mit dem Brode und Weine würde dann eine äusserliche, sehr entfernte und lockere sein, so dass die Thätigkeiten des Priesters und des Communicirenden, welche jetzt nicht etwa bloss auf die Gestalten, sondern auch auf den Leib und das Blut Christi gehen, wie die Anbetung, die Aufopferung und die Sumtion, nur auf das Brod und den Wein

---

[1] Disp. 222, c. 4.   [2] Disp. 223, n. 50.

sich beziehen würden. Der Priester würde also nicht in der
Eigenschaft eines Stellvertreters Christi den Leib und das Blut
Christi dem himmlischen Vater aufopfern, sondern den Herrn
nur bitten, dass dieser sein Opfer Gott darbrächte.

Eine andere nähere Bestimmung des Vasquez über den
Priester oder Darbringer des eucharistischen Opfers, welche
nicht mit der vorgelegten Theorie, aber wohl mit den Früchten
des Messopfers in unzertrennlichem Zusammenhang steht, entfernt sich ganz und gar von der communis sententia theologorum,
weil nach seiner Meinung Christus selbst nur entferntererweise
als Opferpriester betheiligt sein soll. Darüber unten.

B. Suarez († 1617), ein Zeit- und Ordensgenosse des
vorhin Genannten, hat die eingehenden Erörterungen desselben
über die unblutige und mystische Erneuerung des Opfertodes
Christi in der heiligen Messe nicht bekämpft, sondern dieselben
in der genannten Hinsicht ganz und voll anerkannt[1], aber er
verfolgt mit vielen anderen späteren Theologen die Absicht, die
Erklärung von dem mystischen Opfertode und seiner Darstellung
durch die Consecration der beiden getrennten Gestalten noch zu
ergänzen und wo möglich ausserdem noch eine reale Destruction
der Opfergabe vorzuzeigen. Zu dem Behufe zieht er die Substanzen des Brodes und Weines als Bestandtheile in die Opfergabe hinein und gibt die an ihnen vollzogene Veränderung oder
Wesensverwandlung in den Leib und das Blut Christi für die
dem Opfer wesentliche Destruction aus, indem dieselbe beim
eucharistischen Opfer ausnahmsweise an dem terminus a quo
oder an der res offerenda, d. i. an dem Brode und Weine statt-
finde[2]. Indes diese Deutung ist nicht stichhaltig und ist schon

---

[1] In Thom. III, qu. 83, a. 1. Disp. 74, sect. 6: „Dico ergo secundo,
ut hoc mysterium absolute et simpliciter sit verum sacrificium, prout a Christo
est institutum essentialiter requiri utriusque speciei consecrationem.…
Quia de essentia hujus sacrificii est expressa repraesentatio mortis et passionis
Christi, sed haec intrinsece requirit consecrationem utriusque speciei.… Nam
sacrificium Christi cruentum non consistit in hoc, quod corpus ejus fuerit mor-
tuum, vel quod sanguis fuerit extra venas, sed in ipsamet actuali passione
et sanguinis effusione usque ad separationem animae a corpore.“

[2] Ib.: „Dico tertio: Actio essentialis hujus sacrificii necessario includit
consecrationem, prout continet transsubstantiationem panis et vini in corpus et

von Vasquez (siehe oben S. 32) zurückgewiesen worden. Die Opfergabe und somit auch der terminus a quo für die Opferhandlung ist nur der Leib und das Blut des Herrn; die Vergegenwärtigung derselben, oder die Transsubstantiation als solche, ist noch nicht die Opferhandlung, sondern die Voraussetzung derselben, wenn sie auch mit derselben in einem Zeitmomente zusammenfällt. Prioritate rationis geht die Vergegenwärtigung der Opfergabe der Opferhandlung voran, und wegen der innigen oder unzertrennlichen Verbindung mit dieser kann man sie mit zur Integrität, aber nur zur äusserlichen Integrität der Opferhandlung rechnen, oder sie auch eine conditio sine qua non für diese nennen. Ganz dasselbe gilt dann auch von der Substanz des Brodes und des Weines; sie bilden die Voraussetzung für die Transsubstantiation und insoweit auch für die Opferhandlung.

C. Wenn also Suarez, eine Parallele zwischen dem alt- und dem neutestamentlichen Opfer ziehend, das Opferthier, welches zur Schlachtung gebracht wurde, mit der Brodes- und Weinessubstanz verglich, an welcher die Destruction vorgenommen werden sollte: so wollte Lessius († 1623) die res offerenda in dem himmlischen Leibe des Herrn finden, welcher durch die Transsubstantiation nun auch vom Himmel her auf unseren Altären gegenwärtig wird, um alsdann geopfert zu werden[1]. Allein auch dies geht nicht an. Der Herr verlässt mit seinem verklärten Leibe den Himmel nicht; der himmlische Leib ist daher auch nicht die res offerenda, sondern der unter den Gestalten des Brodes gegenwärtige Leib und das unter den Gestalten

---

sanguinem Christi; unde illi duo termini sc. destructio panis et vini quoad substantiam, et praesentia Christi sub speciebus, etiam suo modo pertinent ad essentiam hujus sacrificii . . . quia sine hac actione impossibile est, Christum offerri sub speciebus; est ergo necessaria, ut intrinsece pertinens ad essentiam sacrificii."

[1] De perf. div. XII, 13, 95: „Unde verba consecrationis sunt instar gladii, Corpus Christi, quod nunc est in coelo vivum, est instar hostiae vivae et immolandae; Corpus ut positum sub specie panis et sanguinis sub specie vini se habent ut corpus et sanguis agni nunc immolati. Unde se habent ut terminus immolationis seu actionis sacrificandi."

des Weines gegenwärtige Blut des Herrn. Im übrigen stimmt er dem Erklärungsversuche des Vasquez zu [1].

D. Einen neuen Weg zur Erklärung der eucharistischen Opferhandlung schlug de Lugo († 1660) ein, indem er die von Vasquez erläuterte Lehre der Väter und Scholastiker über die mystische Tödtung des Opferleibes Christi unter den getrennten Gestalten zwar nicht verwirft, aber durch eine weitere Entwicklung der Theorie des Lessius wesentlich zu ergänzen und namentlich auch für das eucharistische Opfer eine reale Destruction der Opfergabe nachzuweisen sucht. Diese soll sich nämlich in der Consecration und Communion in der Weise vollziehen, dass beide wesentliche Bestandtheile der eucharistischen Opferhandlung ausmachen. Auch er betrachtet, und insoweit schliesst er sich an Lessius an, als die entferntere Opfergabe (res offerenda), an welcher die Destruction erfolgen soll, den im Himmel gegenwärtigen Leib Christi, der durch die Consecration oder Transsubstantiation ausserdem nun auch auf den Altären gegenwärtig wird, aber unter den unscheinbaren Gestalten des Brodes und Weines, durch welche nicht nur seine Gottheit, sondern auch seine menschliche Natur verhüllt wird. Diese Herabkunft des Leibes Christi vom Himmel ist eine Erniedrigung und Versetzung desselben aus einem vollkommenen in einen minder vollkommenen Zustand, indem er unter den Gestalten einer Opferspeise gegenwärtig wird und zwar von dem Momente der Consecration an bis zur Communion, durch welche jene Erniedrigung des Leibes Christi zum Abschluss komme. Eine derartige Erniedrigung vertrete, so meint er, die einem Opfer wesentliche reale Destruction der Opfergabe, wie auch die Ausgiessung des Weines und das Verbrennen des

---

[1] De perf. div. XII, 13, 97: „Non obstat veritati hujus sacrificii, quod non fit reipsa separatio sanguinis a carne, quia id est quasi per accidens propter concomitantiam partium. Nam quantum est ex vi verborum, fit vera separatio, et sub specie panis solum ponitur corpus, non sanguis, sub specie vini solus sanguis, non corpus. Et hoc sufficit ad rationem hujus sacrificii, tum ut sit verum sacrificium; fit enim circa hostiam, dum sic ponitur, sufficiens mutatio, qua protestemur Deum habere supremam in omnia potestatem; tum ut sit sacrificium commemorativum repraesentans nobis sacrificium crucis et mortem Domini."

Weihrauchs im Alten Testamente eine Opferhandlung gewesen sei. Die Consecration könne man daher mit der Schlachtung des zum Brandopfer bestimmten Thieres und die Communion mit dem Verbrennen desselben vergleichen[1].

Wenn nun so nach Lugo die Erniedrigung des verklärten Leibes Christi bis zur Gegenwart unter den Gestalten einer Speise schon für eine Destruction der Opfergabe gelten kann, weil hier eine Versetzung derselben in eine unvollkommenere Daseinsweise zu Stande komme, so soll diese Erniedrigung ausserdem auch eine Commemoration des Kreuzesopfers und Kreuzestodes sein, insofern der Leib des Herrn durch die Transsubstantiation eine solche Daseinsweise annehme, dass er wie ein todter Leichnam erscheine und keine leiblichen oder sinnlichen Lebensfunctionen ausübe[2]. — So geistreich dieser Erklärungsversuch zu sein scheint, so sehr er auch in der neuesten Zeit vornehmlich durch Franzelin ein gewisses Ansehen erlangt hat: so scheint er mir doch in der von Lugo gegebenen Ausführung nicht stichhaltig zu sein. Zwar bezieht auch er sich auf solche Bestandtheile der eucharistischen Opferfeier, welche mit der Opferhandlung innig verbunden oder Voraussetzungen derselben sind, und zu diesen gehört sicher auch die Vergegenwärtigung der Opfergabe unter den Gestalten einer Speise. Aber sonst ist

1. der im Himmel gegenwärtige verklärte Leib des Herrn als solcher nicht die Opfergabe, an welcher die Opferhandlung

---

[1] De euch. Disp. 19, n. 68: „Cum hoc tamen stat ipsam sumtionem pertinere ad substantiam et integritatem hujus sacrificii: nam per ipsam adhuc magis consumitur et destruitur victima. Nec repugnat aliquam victimam in eodem sacrificio duplicem destructionem subire; imo in holocausto necesse erat victimam prius occidi, postea adhuc magis destrui per totalem combustionem, et in aliis sacrificiis, licet non comburereetur tota victima, adhuc post occisionem abolebatur in igne aliqua pars illius.“

[2] Ib. n. 67: „Nam licet ipsa consecratione non destruatur substantialiter, sed tamen destruitur humano modo, quatenus accipit statum decliviorem et talem, quo reddatur inutile ad usus humanos corporis humani et aptum ad alios diversos usus per modum cibi; quare humano modo idem est ac si fieret verus panis et aptaretur et conditretur in cibum; quae mutatio sufficiens est ad verum sacrificium.... Reddere ergo illud corpus ad statum cibi comestibilis, fuit quasi occidere illud, non physice sed moraliter seu humano modo.“

vollzogen wird, somit nicht die res offerenda, sondern dies ist
der auf dem Altare unter sichtbaren Gestalten gegenwärtige
Leib des Herrn, der die Glorie und Herrlichkeit des im Himmel
thronenden Leibes nicht schmälert oder verändert. Die reale
Vergegenwärtigung der Opfergabe ist die Voraussetzung für die
Opferhandlung, aber nicht diese selbst.

2. Das Gegenwärtigwerden unter der Gestalt einer Speise
bezeichnet noch nicht die Dahingabe derselben an Gott; und
doch muss gerade diese Dahingabe an Gott durch die Opferhandlung ausgedrückt werden. Christus will wohl in der heiligen
Eucharistie auch unsere Speise werden, aber diese seine Dahingabe an uns ist eine andere als die an Gott, und somit vom
Opfer verschieden [1].

3. Eine reale Destruction kommt nicht in der etwaigen
Annahme der Daseinsweise eines Leichnams zu Stande, wie
Lugo sie in der heiligen Eucharistie finden will. Die Gegenwart
des Leibes Christi ist hier eine substantielle, indem die Substanz
des Leibes ex vi verborum und die Accidentien erst per concomitantiam zugegen sind. Sonst wird der eucharistische Leib
des Herrn von den Vätern nicht nur der lebendige, sondern
auch der lebendigmachende genannt [2]. Die Gegenwart des Leibes
per substantiam ist aber nicht gerade eine unvollkommene, sondern eine wunderbar hervorgerufene, ohne dass sie direct auf
die Daseinsweise eines Leichnams hinzeigt, obwohl sie das Ruhen
oder die Abwesenheit der wahrnehmbaren leiblichen Lebensfunctionen in dem eucharistischen Leibe Christi zur Folge hat.
Und selbst wenn wir die Gegenwart des Leibes Christi in der
Form eines Leichnams annehmen wollen, so läge in der realen
Vergegenwärtigung eines Leichnams noch nicht eine Opferhandlung, noch nicht einmal ein Hinweis auf diese. Der Opfertod,
und zwar die gewaltsame Trennung des Blutes vom
Leibe, muss in einem Acte (als ein fieri) zur Darstellung

---

[1] Cf. C. Trid. S. XXII, can. 1: „S. q. d. in Missa non offerri Deo verum
et proprium sacrificium, aut quod offerri non sit aliud, quam nobis Christum
ad manducandum dari a. s.“

[2] Vgl. Joh. 6, 41: „Ich bin das lebendige Brod, das vom Himmel herab-
gekommen.“

kommen, wenn wir diesen Act als eine Opferhandlung bezeichnen und auffassen wollen; die Darbringung eines Leichnams ist noch kein Opfer, setzt auch an sich nicht gerade einen Opfertod voraus.

4. Lugo legt das grösste Gewicht darauf, eine reale Destruction der Opfergabe in der heiligen Messe nachzuweisen; allein er erreicht dies nicht und setzt die von der Heiligen Schrift, von der Tradition und von der Kirche auf dem Concil zu Trient (S. 22, c. 1. 2) gelehrte Identität des eucharistischen und Kreuzesopfers beiseite, indem die von ihm betonte Erniedrigung des verklärten Leibes Christi wohl mit der Incarnation eine Analogie hat, aber nicht mit dem blutigen Kreuzesopfer. Die Opferspeise als solche setzt nicht gerade einen blutigen Opfertod voraus.

5. Aus der vorgelegten Theorie würde sich die Folgerung ergeben, dass die Consecration und Communion einer einzigen Gestalt, nämlich des Brodes oder des Weines, zum Wesen der eucharistischen Opferhandlung genüge, weil dadurch die genannte Erniedrigung des Leibes Christi bis zur Daseinsweise einer Speise und die Aufhebung oder Destruction derselben schon vollständig zur Darstellung und Ausführung kommt. Diese Folgerung weist freilich Lugo selbst zurück und begründet die Nothwendigkeit der Consecration beider Gestalten zum Wesen des eucharistischen Opfers in derselben Weise wie Vasquez (siehe oben S. 30 ff.) aus der positiven Anordnung Christi, der seinen blutigen Opfertod auf eine deutliche Weise gerade durch die mystische Trennung des Leibes vom Blute dargestellt haben will[1]. Wie Christus die Anrufung der drei göttlichen Personen als Taufformel genau und vollständig ihrem Wesen nach bestimmt und für alle Zeiten vorgeschrieben hat, obwohl er sie auch anders hätte anordnen können: so sind auch die wesentlichen Bestandtheile der Consecration von Christo genau vorgeschrieben worden, so dass nach der Meinung Lugo's, welche freilich sehr anfechtbar ist, die

---

[1] Disp. 19, n. 112: „Ratio ergo a priori conclusionis et solutio argumentorum contrariae sententiae tota desumi debet ex Christi voluntate, qui talem ritum sacrificandi instituit, quo clare repraesentaretur ejus mors. . . . Si autem (ecclesia) dispensaret in oblatione sacrificii sub unica specie, non maneret salva substantia sacrificii a Christo instituti; ergo in hoc non potest dispensare.“

Consecration einer einzigen Gestalt nicht einmal gültig sein würde, wenn der Priester ausdrücklich beabsichtigte, nur e i n e Gestalt consecriren zu wollen [1]. Dadurch beweist er aber, dass durch seine Theorie die gewöhnliche Erklärung von der mystischen Wiederholung des Opfertodes in der heiligen Eucharistie nicht beseitigt werden soll. Sie genügt ihm bloss nicht, weil dieselbe auch in Verbindung mit der realen Gegenwart der Opfergabe, wie wenn die Tochter Jephte's im auferstandenen Leibe wiedererschiene und ihr Opfer auf bildliche Weise wiederholen wollte, noch kein wahres Opfer bilden würde [2]. Er hätte aber beachten müssen, dass Vasquez eben nur ein einziges commemoratives Opfer, nämlich das eucharistische, voraussetzt, weil in demselben das Opfer aller Opfer wiederholt wird, dessen Früchte niemals ausgehen und dessen Werth ein unendlicher ist. Dennoch genügt ihm diese Erklärung nicht, weil auch in der heiligen Messe eine neue reale Opferhandlung, d. h. eine neue Destruction stattfinden müsse; er legt wenigstens hierauf mehr Gewicht, als auf die mystische Erneuerung des Opfertodes durch die getrennten Gestalten [3].

Mir will jedoch scheinen, dass umgekehrt die von Lugo betonte Erniedrigung des Leibes Christi bis zur realen Gegenwart unter den Gestalten des Brodes nur als etwas die Opferhandlung Integrirendes und zur äusserlichen Integrität derselben Gehörendes betrachtet werden könne, insofern sie die nothwendige Voraussetzung für die mystische Immolation, d. h. für die sacramentale Trennung des Leibes vom Blute Christi ist.

---

[1] Ib. n. 118: „Atque adeo esset inchoatio sacrificii irrisoria et vana."

[2] Ib. n. 58: „Item licet filia Jephte, quae olim fuit sacrificata, nunc resurgeret, et adesset in tragoedia qua sua mors repraesentaretur, non diceretur nunc vere et proprie sacrificari; alioquin sufficeret etiam quod recitaret suam mortem, jam enim ipsa recitatione commemoraretur illud sacrificium et illa mors; atque ideo diceretur nunc in illa recitatione vere sacrificari sacrificio non cruento, sed commemorativo, quod ridiculum esset."

[3] Das erhellt aus den Worten, mit welchen er seine Theorie einleitet l. c. n. 64: „Fundamenta tertiae et quartae sententiae (sc. Vasquezii et Lessii) supra posita satis ostendunt probabilitatem utriusque; quare illa mihi magis placet quae utramque ita conjungit, ut neutrius fundamenta habeat contra se."

6. Nimmt man dieses letztere an, dann bleibt auch die Communion des Priesters bloss ein integrirender Theil der heiligen Messe, wogegen sie von Lugo zu einem essentiellen Theile erklärt wird. Dem steht jedoch nicht nur die vom Tridentinum definirte Kirchenlehre, dass die Aufopferung des Leibes Christi etwas anderes als die Communion sei[1], sondern auch ein besonderer Umstand entgegen, welcher von den nachfolgenden Theologen besonders betont wird — es ist der, dass die Communion des Priesters zwar Pflicht oder nothwendig necessitate praecepti sc. divini zur Ergänzung der eucharistischen Opferfeier ist, aber vom Priester nicht im Namen Christi, wie die Consecration, sondern in seinem Namen und zur geistigen Nahrung seiner eigenen Seele vollzogen wird. Ist aber der Hohepriester (principalis offerens) für das eucharistische Opfer Christus selbst, was Lugo gerade besonders erweist, dann kann auch nur der Act für das eucharistische Opfer wesentlich sein, den der Priester als Organ des Hohenpriesters vollzieht; und der ist nur die Consecration.

IV.

Die Erklärungsversuche über die eucharistische Opferhandlung bei den späteren Thomisten und Skotisten.

Die Frage über das Wesentliche der eucharistischen Opferhandlung galt für die verschiedenen kirchlichen Schulen der nachtridentinischen Zeit nicht gerade als eine principielle, so dass dieselben in geschlossenen Reihen für die eine oder andere Lösung eingetreten wären. Sie galt als eine der freien Discussion überlassene, so dass sie innerhalb einer und derselben Schule ganz verschiedene Lösungen erhielt.

A. Zu den bedeutenderen Thomisten in der ersten Hälfte des siebenzehnten Jahrhunderts zählt Johannes a St. Thoma († 1644). Er entscheidet sich für die Erklärung des Vasquez und gegen die Hineinziehung der Communion in das Wesentliche der Opferhandlung, weil sie nicht im Namen Christi, des eigentlichen Hohenpriesters, vom Priester vollzogen werde[2].

---

[1] S. XXII, can. 1. [2] De euch. Disp. 32, a. 2.

B. Ein noch grösseres Ansehen errang sich in der Thomisten-Schule G o n e t († 1681), ein französischer Theolog; sein „Clypeus Theol. Thom." wird in derselben als eines der hervorragendsten Werke geschätzt. Er hatte im Vergleiche zu den schon Genannten einen glücklicheren Standpunkt und brauchte nur die bereits vorliegenden Erklärungsversuche kritisch zu beurtheilen und eine verbessernde Hand an den einen oder andern in diesem oder jenem Punkte zu legen. Neue Seiten waren der Opferhandlung schwerlich abzugewinnen. Seine Entscheidung fällt zu Gunsten der gewöhnlichen Auffassung, der des Vasquez, aus, jedoch mit der Modification, dass er die Communion des Priesters als einen äusserlich integrirenden Theil der Opferhandlung betrachtet, nicht in dem Sinne, als komme in derselben die Destruction der Opfergabe zum Abschluss, sondern weil die Opfergabe durch die Consecration zugleich die Bestimmung zu einer Speise erhalte, welche in der heiligen Communion erfüllt wird. Die Consecration schliesst also wesentlich und von selbst schon die mystische Trennung des Blutes vom Leibe Christi in sich, aber sie hat zugleich den accidentellen, ihr äusserlich bleibenden Zweck, die Opfergabe zu einer Opferspeise zu gestalten [1].

Noch von einer andern Seite hat er die eucharistische Opferhandlung als unblutige Erneuerung des gewaltsamen Opfertodes in ein recht helles Licht gestellt. Man kann nämlich gegen diese Deutung einwenden, dass dieselbe die Vergegenwärtigung der Opfergabe schon als Opferhandlung annehme, wogegen doch letztere als ein zweiter Act erst nachfolgen müsse. Dem ist freilich so. Aber dieser zweite Act muss doch nicht in der Zeit erst nachfolgen; er kann mit dem ersten der Zeit nach zusammenfallen und doch ratione nachfolgen. So verhält es sich in der That. Es sind sogar drei verschiedene Acte in der einen Consecration beschlossen, die zeitlich zusammenfallen, aber ratione

---

[1] Clypeus, Disp. 11, a. 2, § 4: „Ex quibus intelliges, non ideo sumtionem ad hujus sacrificii integritatem pertinere, quod sine illa salvari nequeat immutatio ad rationem sacrificii necessaria; illa enim, ut supra ostendimus, in consecratione sufficienter salvatur, sed quia, ut diximus, cum hoc sacrificium habeat rationem cibi et potus, ad sumtionem tanquam ad finem extrinsecum ordinatur, subindeque eam extrinsece connotat."

auseinander zu halten sind. Die Consecration fasst nämlich als
ersten Act die reale Vergegenwärtigung und Zubereitung der
Opfergabe in der Herabziehung des Leibes Christi vom Himmel
unter die Gestalten des Brodes und Weines in sich, sodann als
zweiten Act die Weihung oder Darbringung dieser Gabe an Gott
und zuletzt drittens die mystische Schlachtung des Opferleibes,
indem der Leib sacramentaliter vom Blute Christi getrennt wird[1].
Dann ist zugleich in der intentio consecrandi des Priesters auch
die intentio offerendi, sowie die intentio immolandi eingeschlossen,
so dass die ausdrückliche Erweckung der beiden zuletzt genannten Intentionen neben der erstern nicht erforderlich ist. Zugleich
urgirt er diese sacramentale Trennung als eine solche, die nicht
bloss eine bildliche, sondern auch eine reale ist, insofern die ge-
trennte Consecration an sich die Kraft hat, das Blut Christi vom
Leibe zu trennen[2]. Auch diese nähere Bestimmung ist eine ge-
rechtfertigte, und wenn sie Vasquez nicht mit derselben Deut-
lichkeit hervorgehoben hat, so wird sie doch nicht von ihm ausgeschlossen. Christus, der Hohepriester in der heiligen Eucharistie,
bethätigt beim eucharistischen Opfer nicht nur die Opfergesinnung der Dahingabe an Gott, sondern er wird vor dem himmlischen Vater etwas Analoges von derjenigen Opferhandlung vollziehen, welche der menschliche Priester in seinem Namen in der
heiligen Messe vornimmt. Gonet zieht so aus den vorangegangenen Erörterungen das Resultat, welches sich von selbst aus der
Logik der geschichtlichen Entwicklung herausstellte.

C. Dennoch fallen die Salmanticenser, nämlich die Mit-
glieder des Ordens der unbeschuhten Carmeliter, welche den
grossen Commentar zur Summa des hl. Thomas von 1631—1679
verfasst haben[3], wieder in die Ansicht Bellarmins, wenigstens
was das Essentielle der Communion des Priesters angeht, zurück,
obwohl ihnen die von den Theologen vorgebrachten Gegengründe

---

[1] Ib. a. 2, § 5: „Tres ergo formalitates in eadem consecratione diligenter distinguendae sunt" etc.

[2] Ib. n. 61.

[3] Das Werk ist seit 1871 in Paris bei Vivès in 20 Bänden neu aufgelegt worden und wird zu den bedeutendsten aus der Schule der Thomisten ge-rechnet.

nicht unbekannt geblieben sind [1]. Indes aus ihrem Versuche, dieselben zu entkräften, lässt sich schon hinreichend beurtheilen, dass ihre Behauptung, die Communion des Priesters schliesse die Destruction der Opfergabe wenigstens nach ihrer sacramentalen Daseinsweise in sich und gehöre deshalb zum Wesen der Opferhandlung, eine unbegründete und hinfällige ist. Von Johannes a St. Thoma war nämlich besonders entgegengehalten worden: der Priester der Kirche vertrete bei der Communion nicht die Stelle Christi als des Hohenpriesters, sondern geniesse für sich die eucharistische Speise, wenn man auch voraussetze, dass Christus beim letzten Abendmahle selbst communicirt und einen Act der Charitas dadurch vollzogen habe. Das wollen die Salmanticenser mit der Entgegnung entkräften: Christus bleibe der Hohepriester auch bei der Communion durch die Hingabe zur Seelenspeise, wie er als Hoherpriester am Kreuze das Opfer durch Selbsthingabe in den Tod dargebracht habe [2]. Indes die Dahingabe zur Speise ist noch keine Dahingabe an Gott; und eben diese muss durch die Opferhandlung ausgedrückt werden. Ebenso wenig ist die Sumtion eine eigentlich priesterliche Function. Zu ihr sind alle Gläubigen befähigt, und in dem Falle, wo ein alleinstehender Priester in der Mission nach der Consecration vom Schlage getroffen todt dahinsinken würde, könnte ein Laie durch die Sumtion der consecrirten Gestalten das Opfer ergänzen. Der Priester vollzieht also in der Communion nicht eine seinem Ordo wesentliche Function, noch auch vertritt er die Stelle Christi, des Hohenpriesters.

Der hl. Thomas spricht sich an vielen Stellen deutlich für die Consecration der getrennten Gestalten als das Wesen der Opferhandlung aus, wie S. th. III, qu. 78, a. 3 ad 2 [3]; qu. 80,

---

[1] De euch. Disp. 13, n. 29.

[2] De euch. Disp. 13, n. 45: „Ut Christus sit principalis sacerdos in hac ipsa sumtione, non est necessarium, quod denominetur sumens, sed quod se praebeat sumendum et velit per sacerdotem celebrantem sumi. Sicut ipse etiam Christus fuit principalis sacerdos se sacrificans in illo cruento crucis sacrificio: et tamen se non occidit, sed se obtulit ad occidendum.“

[3] Ad 2. dicendum, quod quia sanguis seorsum consecratus expresse passionem Christi repraesentat, ideo potius in consecratione sanguinis fit mentio de effectu passionis, quam in consecratione corporis, quod est passionis subjectum.

a. 12 ad 3 [1]; qu. 82. a. 10 [2]; qu. 83, a. 1 [3], a. 4 ad 1. In diesen Stellen wollen die Salmanticenser nichts anderes finden, als dass die Consecration der beiden getrennten Gestalten mit zum Wesen der Opferhandlung gehöre; sie geben aber nicht zu, dass sie allein das Wesen derselben bilde, weil die reale Destruction der Opfergabe erst in der Communion erfolge. Treffend aber bemerken sie hinsichtlich der übrigen Theile der Liturgie, dass sie nur juris ecclesiastici und von der Kirche nach und nach der eucharistischen Opferfeier eingefügt worden seien. In den Lebensbeschreibungen der Päpste, welche der „Liber pontificalis" enthält, wird bei verschiedenen aus den ersten Jahrhunderten berichtet, dass sie diesen oder jenen Theil der Liturgie hinzugefügt hätten, und der hl. Gregor der Grosse schreibt in einem seiner Briefe [4], dass die Apostel selbst der Consecration und Communion nur das Abbeten des Vaterunsers beigefügt hätten. Damit stimmen die einfachen Darstellungen der heiligen Eucharistie aus den ersten Jahrhunderten, wie sie sich in den Katakomben zu Rom erhalten haben, und der Bericht beim hl. Justin aus der Mitte des zweiten Jahrhunderts [5].

D. Von den Skotisten möge Dupasquier († 1718) als Vertreter der Schule an diesem Orte genügen. Er findet in der Consecration der beiden getrennten Gestalten das ganze Wesen der eucharistischen Opferhandlung beschlossen und sieht die Communion nur als einen integrirenden Bestandtheil derselben an, insofern sie die Immolation ergänze [6]. Dabei greift er auf die Erklärung des Vasquez und Lugo zurück, dass auch schon die Consecration einer einzigen Gestalt (des Brodes oder des Weines)

---

[1] Ad 3. dicendum, quod repraesentatio dominicae passionis agitur in ipsa consecratione hujus sacramenti.

[2] Opportunitas autem sacrificium offerendi non solum attenditur per comparationem ad fideles Christi quibus oportet sacramenta ministrari, sed principaliter ad Deum, cui consecratione hujus sacramenti sacrificium offertur.

[3] Celebratio autem hujus sacramenti imago quaedam est repraesentativa passionis Christi, quae est vera ejus immolatio.

[4] Epp. L. IX, ep. 12: „Orationem vero dominicam idcirco mox post precem dicimus, quia mos apostolorum fuit, ut ad ipsam solummodo orationem oblationis hostiam consecrarent."

[5] Apol. I, 66.   [6] De sacr. Missae Disp. 7, qu. 3, concl. 2.

auf die gewaltsame Trennung des Blutes vom Leibe hinweise,
und zieht daraus die Folgerung, dass die Consecration einer
einzigen Gestalt, wenn die andere aus Unwissenheit nicht erfolge, schon ein giltiges Opfer wäre [1], wiewohl eine necessitas
praecepti divini vorliege, die eine Consecration mit der andern
zu verbinden. Die Giltigkeit der Consecration einer einzigen
Gestalt auch für die Opferhandlung soll, wie Dupasquier meint,
von der Kirche und vom hl. Thomas vorausgesetzt werden,
weil sie für den Fall einer Verwechslung von Wasser und Wein
bei den Consecrationsworten und einer Aufdeckung dieses Irr-
thums bei der Sumtion nur die nachträgliche Consecration des
Weines als Pflicht und zwar als eine solche ex jure divino auf-
lege, aber nicht die Wiederholung der doppelten Consecration.
Da aber im genannten Falle der Leib des Herrn schon genossen
und nicht mehr auf dem Altare gegenwärtig wäre: so muss
nach der Voraussetzung der Kirche die Consecration des Brodes
allein schon für die Opferhandlung hingereicht haben. Indes die
Folgerung ist nicht concludent, selbst wenn die Kirche die zuerst
angegebene Ergänzung der Consecration ausdrücklich für richtig
erklärt hätte. Sie billigt aber auch die andere Praxis, in dem
genannten Falle die eine wie die andere Consecration zu wiederholen. Und wenn die erstgenannte Praxis auch für zureichend
angesehen wird, so geschieht dies deshalb, weil die nachträgliche Consecration des Weines mit der vorangegangenen des
Brodes zu einer moralischen Einheit verbunden wird, wie dies
bei der Verwaltung der heiligen Sacramente oft zutrifft, dass
Materie und Form, obwohl sie physisch auseinander liegen
können, zu einer Einheit auf moralischem Wege zusammen-
gebracht werden. Nach der Ansicht des Dupasquier würde es
dagegen in jeder heiligen Messe zwei vollständige Opfer geben,
was gegen den Sinn der Kirche ist. Beide Consecrationen bilden
zusammen eine moralische Einheit, die eine Erneuerung des
Opfertodes Christi und deshalb nur ein Opfer.

   E. Tournelius († 1729), einer der hervorragendsten
Theologen an der Sorbonne zu Paris, vertritt dieselbe Ansicht

---

[1] Ib. qu. 5.

mit den Salmanticensern (siehe oben S. 45), nach welcher die
Communion des Priesters ein essentieller Theil der Opferhandlung sein soll, weil das Messopfer auch den Charakter eines
Anbetungs- oder Brandopfers (holocaustum) an sich tragen
müsse und diesen dadurch annehme, dass die Opfergabe ganz
destruirt werde. Das treffe bei der Communion zu [1]. Hinsichtlich
der Consecration wird die Erklärung des hl. Thomas und des
Vasquez wiederholt und noch dahin verdeutlicht und verschärft,
dass die Consecration einer einzigen Gestalt nicht als mystische
Wiederholung des gewaltsamen Opfertodes Christi angesehen
werden und daher nicht als ein eucharistisches Opfer gelten
könne, weil die Vergiessung des Opferblutes und die Trennung
desselben vom Leibe als die Ursache des Opfertodes repräsentirt
werden müsse [2]. Dadurch hat die Meinung des vorgenannten
Dupasquier die richtige Correctur gefunden.

V.

Der Erklärungsversuch des Cienfuegos.·

Cienfuegos, ein Spanier von Geburt (geb. 1657), auf
Vorschlag Kaiser Karls VI. zum Cardinalate 1720 befördert,
hat trotz all der gründlichen und scheinbar erschöpfenden Er-
läuterungen der grossen Theologen des sechzehnten und sieb-
zehnten Jahrhunderts eine ganz neue Lösung der vorliegenden
Frage in der Schrift „Vita abscondita" [3] zu geben versucht, die
wegen ihrer frappanten Hypothesen an diesem Orte wohl eine
Darstellung verdient, aber auf Geltung keinen Anspruch erheben

---

[1] De sacr. euch. art. 2, concl. 4: „Sacrificium Missae omnium perfectis-
simum est ac holocaustum: in holocausto autem victima tota consumebatur
et destruebatur; nulla autem in sacrificio Missae consummatio ac perfecta
destructio assignari potest praeter consumptionem quae fit a sacerdote."

[2] Ib. art. 3: „Dico cruentum Christi sacrificium formaliter includere non
tantum mortem, sed et causam mortis, effusionem nempe sanguinis et separationem ejus a corpore, quam quidem effusionem utriusque speciei consecratio
proxime significat, remote autem ac consequenter separationem ipsam a corpore, quod quidem sufficit ad rationem incruenti sacrificii."

[3] Gedruckt Romae 1728.

kann. Seine Absicht geht dahin, nicht nur eine reale Destruction der Opfergabe, sondern eine wirkliche Dahingabe
in den Tod in dem Sinne der Trennung der Seele vom
Leibe in der heiligen Messe nachzuweisen, und nicht bloss eine
sichtbare Darstellung, sondern eine Erneuerung desselben, soweit
dies für den verklärten Leib des Herrn im Sacramente möglich
ist. Dies hätten weder Vasquez, noch de Lugo, noch irgend
ein anderer Theologe erreicht. Von dem Gesichtspunkte aus,
im Hinblick auf das Ziel, welches er meint erreichen zu können,
beurtheilt er die von seinen Vorgängern angestellten Erklärungsversuche in abfälliger Weise.

Vasquez erachte eine reale Vernichtung der Opfergabe in
dem relativen Opfer gar nicht für nöthig und bringe nur eine
bildliche Trennung des Blutes vom Leibe Christi, somit nur eine
bildliche Verwundung, aber noch keine bildliche Tödtung oder
Immolation heraus. Ja es werde in der Consecration der beiden
getrennten Gestalten noch nicht einmal eine Verwundung dargestellt, weil in der Consecration des Brodes noch kein Hinweis
auf das Fehlen des Blutes und in der des Weines noch kein
Hinweis auf das Fehlen des Leibes liege. Im obigen sind diese
Einwendungen sämmtlich schon ausdrücklich oder doch implicite
zurückgewiesen worden. Was zuerst die Undeutlichkeit des
Hinweises auf die Trennung des Blutes vom Leibe angeht, so
hat der Herr selbst diesen Hinweis in den Consecrationsworten
ausdrücklich angegeben und ex jure divino das Zeichen für die
eucharistische Opferhandlung selbst angeordnet, und die Kirche
hat stets die Consecration des Brodes mit der des Weines als
eine aus zwei wesentlich zusammengehörigen Theilen bestehende
moralische Einheit und als eine Opferhandlung betrachtet. Ferner
ist der in der eucharistischen Opferhandlung zur Darstellung
kommende Act nicht etwa bloss eine Verwundung ohne alle
Tödtung, sondern eine Vergiessung des Blutes; und eben
darin bestand die Opferhandlung bei den alttestamentlichen
blutigen Opfern, insofern dadurch der gewaltsame Tod als
Zeichen der Dahingabe an Gott zum Ausdruck kam. Der ver-
blutete Leib (corpus exsanguine) ist daher gerade die entsprechende, durch die Opferhandlung geweihte Opfergabe, und

nicht der entseelte Leib (corpus exanime), .wie Cienfuegos meint.
Letzterer weist wohl auf einen vorangegangenen Tod, aber nicht
auf den vorangegangenen gewaltsamen Opfertod hin. Ob überhaupt Cienfuegos selbst mehr als eine mystische Immolation der
Opfergabe herausgebracht habe, wird weiter unten erörtert werden.

.Es kann nochmals daran erinnert werden, dass selbst bei
der realen Destruction, wie sie beim absoluten Opfer stattfand,
nicht alles Symbolische ausgeschlossen war; auch die blutige
Tödtung sollte ein Symbol für die Dahingabe an Gott zur Anerkennung seiner Herrschaft und strafenden Gerechtigkeit, auch
ein Typus von dem Kreuzesopfer sein; und wiederum liegt auch
im blutigen Kreuzestode bei all seiner Realität etwas Symbolisches
nach vielen Seiten. Vergleicht doch der Apostel (Hebr. 9, 24)
den Tod des Herrn mit dem Eintritt des Hohenpriesters ins
Allerheiligste und findet darin den Einzug des Herrn in den
Himmel, in die Wohnung Gottes, des Unsichtbaren, um dort
vor dem Throne seines himmlischen Vaters sein Opfer darzubringen und Fürbitte für uns einzulegen. Jedes äussere und
sichtbare Opfer erhält seinen Werth nur als der Ausdruck des
innern Opfers und schliesst so wesentlich etwas Symbolisches
in sich.

Von grösserem Gewichte ist das, was er gegen die Auffassung Lugo's geltend macht. Das Gegenwärtigwerden unter
der Gestalt einer Opferspeise sei weder eine reale noch eine
mystische Destruction der Opfergabe, weil der Leib des Herrn
als ein lebendiger und als eine lebendigmachende Speise gegenwärtig werde. Noch weniger liege darin eine Erneuerung des
Opfertodes, selbst dann nicht, wenn man mit Lugo voraussetzen
wollte, dass der Herr in der Erscheinungsweise eines Leichnams,
welcher der freien Bewegung und anderer Lebensfunctionen
entbehre, gegenwärtig werde. Denn weder das Gegenwärtigwerden eines Leichnams noch die fortdauernde Gegenwart eines
Leichnams ist eine Opferhandlung. Dazu kommt noch, dass
die Voraussetzung Lugo's eine irrige ist. Wenn Christus der Herr
selbst als Hoherpriester actuell durch den menschlichen Priester
als sein Organ das Opfer darbringt — und das betont auch
de Lugo —: dann muss er auch in seiner menschlichen Natur

mit seinem Erkennen und Wollen bei der Opferhandlung thätig
sein und ist dann eben nicht als ein Leichnam gegenwärtig [1].
Wenn Lugo ausserdem noch die Communion des Priesters in
das Wesen der eucharistischen Opferhandlung hineinzieht, so
entfernt er sich damit noch weiter von der Wahrheit. In der
Communion vertritt der menschliche Priester nicht die Stelle
des Hohenpriesters; ein unwürdiger Priester macht durch unwürdige Communion die sonstigen guten Früchte derselben vollständig zunichte, aber nicht die Früchte des heiligen Messopfers,
insofern sie solche ex opere operato sind. Das Wesen des
letztern kann daher nicht in der Communion liegen.

Ist nun aber die Erklärung der Opferhandlung durch Cienfuegos eine bessere? Keineswegs. Er bringt noch viel weniger
eine sichtbare Opferhandlung heraus und kommt zu der von
ihm gesuchten sacramentalen Entseelung des heiligen Opferleibes,
welche die Immolation sein soll, durch eine Reihe ganz willkür-
licher, aber im höchsten Grade frappanter Hypothesen, die vor
ihm niemand aufgestellt hatte. Um dieselben zu verstehen, ist
wohl zu beachten, dass er den Opfertod des Herrn am Kreuze
und die mystische Erneuerung desselben in der heiligen Eucharistie, namentlich das freiwillige Eingehen auf den Tod, ganz
anders auffasst, als dies gewöhnlich geschieht. Der Tod ist
nämlich die Trennung der Seele vom Leibe, aber die physische
oder unmittelbare Ursache desselben liegt nicht auf seiten der
Seele, sondern auf seiten des Leibes, indem er infolge von
Krankheit oder gewaltsamem Eingriff durch Auflösung der Organe oder Säfte die Fähigkeit verliert, von der Seele bewegt,
belebt und formirt zu werden. Daher wird der Tod oder das
Sterben insofern ein sittlich guter und freier Act, als der Mensch
mit dem freien Willen seiner Seele in diesen Zerfall der leiblichen Kräfte als eine göttliche Fügung und als eine von Gott
kommende Strafe sich ergibt. Eine solche Betheiligung des
freien Willens hält Cienfuegos zum Opfertode nicht für hinreichend. Wenigstens will er für den Opfertod am Kreuze die
physische oder unmittelbare Ursache in den freien Willen des

---

[1] L. c. Disp. 5, p. 345.

Herrn verlegen, so dass das Band zwischen Seele und Leib
unmittelbar durch den freien Willen des Hohenpriesters ge-
löst worden sei. Ebenso müsse der unblutige Opfertod Christi
in der heiligen Eucharistie erklärt werden.

Um den letztern nach der von ihm vorgefassten Idee ans
Licht zu bringen, geht er von der Voraussetzung aus: durch
die Transsubstantiation werde Christus der Hohepriester nicht
nur im lebendigen verklärten Leibe gegenwärtig, sondern vollziehe in demselben auch sogleich die sinnlichen Functionen, wie
z. B. die des Sehens und Hörens. Für diese Hypothese fehlt
es an jeglichem Grunde. Im Mittelalter nahmen viele Theologen
dieselbe nicht an, gaben wohl zu[1], dass mit der Substanz des
Leibes auch die Organe desselben per concomitantiam zugegen
seien, aber behaupteten zugleich, dass der eucharistische Leib
des Herrn, weil er ex vi verborum nur der Substanz nach zugegen sei, als solcher die Functionen der leiblichen Sinne nicht
ausübe. Cienfuegos gibt dies ebenfalls zu, nimmt aber ohne
alle Anhaltspunkte ein Wunder an, um die genannte Hypothese
aufrecht zu erhalten, und baut darauf die neue Hypothese von
einer zeitweiligen freiwilligen Einstellung der wunderbar aus-
geführten sinnlichen Lebensfunctionen während der heiligen
Messe, in welcher Einstellung die unblutige, durch den Hohenpriester selbst vollzogene Tödtung oder Immolation der Opfergabe bestehen soll[2]. Einen Beweis für diese Einstellung der
sinnlichen Lebensfunctionen, welche nicht sofort, aber doch als-
bald nach der Consecration vor sich gehen soll, will er aus den
Worten entnehmen, die der Consecration des Kelches unmittelbar
folgen: „Qui pro vobis et pro multis effundetur in remissionem

---

[1] Vgl. meine Dogmen-Gesch. III. 645 ff.

[2] De vita absc. Disp. 5, p. 359: „Hanc inquam vitam Christus ipse
Dominus, ut supremus sacerdos immolat solus et simul offert, quatenus actus
vitales miraculose productos imperio suae voluntatis humanae suspendat sive
removeat decernatque non elicere ulteriorem ullum, sive non uti potentia in-
strumentaria productiva illorum pro libito ipsius, donec per quasi-resurrec-
tionem et commemorationem resurrectionis simpliciter, in mixtione corporis et
sanguinis ad vivum repraesentatam et imitatione quadam exercitam, resumat
vitam actualem usumque liberum virtutis instrumentariae.“

peccatorum." [1] Dass in diesen Worten, zumal wenn das im
griechischen Texte gebrauchte Particip des Präsens (ἐχχυνόμενον)
beachtet wird, ein Hinweis auf den Opfercharakter der heiligen
Eucharistie liegt, ist schon im obigen (siehe S. 8) betont worden.
Aber auf das Sistiren der Thätigkeit der Sinnesfunctionen deuten
sie nicht hin, noch weniger können diese Worte als Opferhandlung dienen.

Neue Schwierigkeiten entstehen, wenn Cienfuegos den Zeit-
moment für die Wiederaufnahme der sinnlichen Lebensfunctionen
im eucharistischen Leibe des Herrn angeben soll. Eine neue
Hypothese muss aus dieser Verlegenheit helfen. Er bestimmt
dafür den Augenblick, in welchem gleich nach der Brechung
der Brodesgestalten eine Partikel der Brodesgestalten mit
denen des Weines vermischt wird, weil dadurch die Wiedervereinigung des Leibes (der Brodesgestalten) mit der Seele, die
durch das Blut (die Weinesgestalten) bezeichnet werde, zur
Darstellung komme [2]. Ja selbst die Epiklese (d. h. die Anrufung
des Heiligen Geistes) aus der griechischen Liturgie wird herbei-
gezogen und soll dem Sinne nach ein Gebet um Wiederbelebung
des Opferleibes Christi in der heiligen Eucharistie, d. h. um
Wiederaufnahme der sinnlichen Lebensthätigkeiten sein [3]. Die
ganze Theorie ist somit eine Kette von Hypothesen, die weder
in der Offenbarung noch bei den vorangehenden Theologen
irgendwelche Anhaltspunkte haben. Dazu kommt noch, dass das
Ziel, welches sich Cienfuegos vorgesetzt hat, nicht einmal die
Darstellung einer mystischen Immolation der Opfergabe ist.
Denn die Sistirung der Thätigkeit mancher Sinnesorgane findet
auch im Schlafe und Scheintod statt, weist noch gar nicht auf
einen Opfertod hin.

Um aber dennoch diesen Hinweis herauszustellen, wird zum
Schluss der Opfertod des Herrn am Kreuze in einer ganz ähnlichen Weise erklärt und nicht als eine freiwillige Uebernahme
des dem Herrn gewaltsam angethanen Todes, sondern als eine

---

[1] Ib. p. 367: „Et cum ipsamet vita formalis significetur per sanguinem
clarissime, ut testatur saepissime scriptura sacra et docet philosophia, ideo
effusio illius est effusio vitae, quae facta a sacerdote est formaliter sacrificatio."
[2] Ib. p. 376 sqq.   [3] Ib. p. 388.

vom freien Willen unmittelbar ausgehende Aushauchung der Lebenskraft, als ein actives Aufgeben der wunderbar am Kreuze noch aufrecht gehaltenen Lebensfunctionen aufgefasst. Nun eignete dem Herrn gewiss die Wundermacht: er zeigte sie noch gegen seine Feinde im Garten Gethsemani, indem er sie zu Boden warf. Wohl hätte er die Hände der Henkersknechte von sich abhalten und sein Leben beliebig verlängern können, so dass er in einem besondern Sinne hingeopfert wurde, weil er gewollt hat; wohl hat er seine Lebenskräfte in der letzten Stunde am Kreuze wunderbar zu dem Rufe: Eli, Eli, lama etc. gestärkt. Er unterlag nicht nur nicht aus Schwäche oder infolge einer äussern Nöthigung einer fremden Macht oder den physischen Naturgesetzen, sondern gab auch sein Leibesleben als sein unbedingtes Eigenthum, ohne den Tod als Strafe irgendwie Gott zu schulden (ex propriis et indebitis), mit freiestem Willen in den schmerzvollsten Opfertod am Kreuze dahin. Aber dass der Herr activ und physisch oder unmittelbar das Band zwischen Seele und Leib mit seinem freien Willen abgebrochen habe, ist eine willkürliche und des Gottmenschen unwürdige Hypothese.

Die Communion fiel bei der vorgelegten Theorie als wesentlicher Bestandtheil der eucharistischen Opferhandlung aus. Aber er legte ihr in anderer Weise eine besondere Bedeutung bei, welche mit der supponirten Bethätigung der sinnlichen Lebensfunctionen in dem eucharistischen Leibe des Herrn in Beziehung steht. Cienfuegos meinte nämlich, dass Christus der Herr nach seiner menschlichen Seele mit dem würdig Communicirenden in eine ähnliche Vereinigung trete, wie der erscheinende Engel mit der von ihm angenommenen Menschengestalt, so dass er das bewegende Princip für den durch die heilige Communion Gestärkten werde und eine leibhaftige Wohnung in ihm nehme, wodurch er zu einem wahren Christophorus werde[1].

---

[1] Ib. p. 556.

VI.

Das Resultat aus den verschiedenen vorangegangenen Erörterungen in Bezug auf die eucharistische Opferhandlung und auf den Hohenpriester.

1. Aus den Controversen über die Glaubenswahrheiten, welche die Kirche mit der Häresie zu führen hatte oder welche von ihren Angehörigen intra muros ausgefochten wurden, ergab sich in der Regel ein ganz sicheres Resultat, wenn die Kirche dieselben durch eine förmliche und feierliche Definition unter der Leitung des Heiligen Geistes zum Abschluss brachte. Das ist zur nähern Bestimmung der eucharistischen Opferhandlung zwar nicht geschehen. Aber es gibt doch eine Logik in der Geschichte, namentlich auch in der Dogmengeschichte, indem durch die wiederholten Behandlungen der einzelnen Glaubenslehren und durch die stets erneuerten Versuche zu einer genauern Fassung derselben die Spreu vom Weizen sich allmählich sondert und bei Seite geworfen wird. So stellt sich bei manchen Streitfragen durch die Dialektik der Streitenden das Richtige schon dadurch heraus, dass die eine Partei allmählich verstummt oder doch ihre Argumente fahren lässt, und die andere ihre Argumente mit immer grösserer Klarheit ins Treffen führt. Etwas Aehnliches kann auch hinsichtlich der eucharistischen Opferhandlung wenigstens annäherungsweise festgestellt werden, obwohl einzelne die früheren entgegengesetzten Erklärungen stets von neuem vorbringen, ohne das Für und Gegen abgewogen zu haben.

Die Würzburger Theologen (Holtzclau, † 1783, ist der Verfasser der Sacramentenlehre in dem dogmatischen Werke der Würzburger theol. Facultät) ziehen das Resultat in der Weise, dass sie die Consecration der beiden getrennten Gestalten als eine mystische Trennung des Blutes vom Leibe und als die unblutige Erneuerung des Kreuzesopfers Christi ansehen[1] und die

---

[1] De euch. ut sacrif., art. 2: „Sola consecratio habet essentialia ad verum sacrificium requisita; est enim 1. oblatio externa rei sensibilis, cum per consecrationem corpus Christi sistatur praesens sub speciebus sensibilibus panis

Versetzung des Leibes Christi in einen für die Opferspeise ge-
eigneten und bestimmten Zustand als etwas Integrirendes und
Accidentelles betrachten [1]. Dass sie die letztere Seite nicht als
die primäre gelten lassen, erhellt zugleich daraus, dass sie die
Communion des Priesters ausdrücklich von dem Wesen der Opferhandlung ausschliessen. Da aber das eucharistische Opfer zugleich ein Speiseopfer ist und Christus der Herr seinen Aposteln
neben der Consecration auch die Communion zur Pflicht gemacht
hat, muss man die Communion des Priesters als einen äusserlich
integrirenden Bestandtheil der Opferhandlung erachten. In ana-
loger Weise ist auch die Consecration, insofern sie durch die
Transsubstantiation die Opfergabe gleichsam schafft oder auf den
Altar bringt, die nothwendige Voraussetzung der mystischen Erneuerung des Opfertodes, und insoweit integrirend oder ergänzend
für die Opferhandlung. Solche ergänzende Theile sind bei der
Opferhandlung gar nicht auffallend, sondern ganz natürlich; wie
denn auch bei den blutigen alttestamentlichen Opfern die Schlachtung (immolatio) unstreitig das Wesen der Opferhandlung bildete, aber von verschiedenen vorangehenden und nachfolgenden
Handlungen ergänzt und begleitet wurde.

Nicht in derselben Weise zieht Franzelin das Facit aus
den vorangegangenen Erörterungen. Er fasst zwar auch die
doppelte Consecration in dem Sinne einer unblutigen Erneuerung
des gewaltsamen Opfertodes als wesentlich für die Opferhandlung [2], aber er gibt die von Lugo betonte Seite der Consecration, insofern dadurch der Leib Christi als Opferspeise,
der freien Bewegung und der sinnlichen Lebensthätigkeiten ent-
behrend, gegenwärtig wird, als den primären und formalen

---

et vini et offeratur aeterno Patri actione soli sacerdoti propria. 2. Habetur
immutatio vera hostiae et aliquo modo ejus destructio, quatenus vi verborum
Christus immolatur mystice, dum vi verborum sanguis separatur a corpore."

[1] Ib.: „Deinde ponitur sub speciebus modo quodam mortuo et ordinato
ad destructionem, cum ibi ponatur per modum cibi et potus ordinati ad consumptionem, eoque fine, ut consumptis et corruptis speciebus ibi esse desinat;
quae destructio, licet non sit perfecta et physica, sed solum imperfecta et
moralis, sufficit tamen ad rationem veri sacrificii."

[2] De euch. p. 381.

Bestandtheil der Opferhandlung aus[1], und will dennoch gegen Lugo die Communion des Priesters nur als integrirenden Bestandtheil ansehen, was nicht consequent zu sein scheint. So genau und gründlich auch die Auseinandersetzung Franzelins im übrigen über die heilige Eucharistie ist, so hat er doch in diesem Punkte nach meinem Erachten das Resultat nicht so richtig gezogen, als die unmittelbar vor ihm genannten Theologen.

2. Man braucht nicht einmal das angegebene Resultat in Betreff der Opferhandlung als ein vollständig gewisses anzunehmen und wird dann doch aus allen Erörterungen die Folgerung anerkennen müssen, dass Christus selbst der vornehmliche und actuell sich bethätigende Hohepriester in dem eucharistischen Opfer ist und den menschlichen Priester als sein sichtbares Organ und Werkzeug gebraucht, obwohl der letztere zugleich auch als Beauftragter der ganzen Kirche und seiner Gemeinde, sowie in seinem eigenen Namen opfert. Der menschliche Priester ist zunächst das Werkzeug und der Diener Christi, und der Herr selbst der principalis offerens. Sonst wäre er ja nicht der Priester nach der Ordnung Melchisedechs in Ewigkeit; sonst würde das eucharistische Opfer nicht von unendlichem Werthe sein. Vollzieht doch der Priester die Consecration nur als Werkzeug Christi, indem er Christi Worte wie aus dessen Munde wiederholt, so dass Christus selbst durch den Priester wie durch sein Organ die Transsubstantiation actuell bewirkt; und mit dieser Consecration ist in demselben Momente auch die Opferhandlung vollzogen. Ferner bewirkt Christus gerade in seiner menschlichen Natur kraft der potestas excellentiae[2] die sacramentalen Gnaden, opfert sich daher auch mit seinem menschlichen freien Willen oder als wahrer Hohepriester in seiner menschlichen Natur seinem himmlischen Vater auf. Hebt doch auch das Concil von Trient (S. 22, cap. 2) ausdrücklich

---

[1] De euch. p. 375: „Docent diserte, formalem rationem hujus incruentae sacrificationis esse in actione, quatenus inducit statum cibi ac potus in Agno immaculato, et proinde formalem rationem victimae in termino esse hunc statum cibi ac potus, quem merito declarant incruentam mactationem et quandam Christi exinanitionem secundum humanitatem.“

[2] S. meine Dogmen-Gesch. III, 490. 498.

hervor, dass nicht nur dieselbe Opfergabe, sondern auch derselbe Opferpriester beim Kreuzes- und beim eucharistischen Opfer sei. Und gerade diejenigen Theologen, welche mit Vasquez in die Consecration der beiden getrennten Gestalten das ganze Wesen der Opferhandlung gesetzt hatten, machten stets vor allem geltend, dass der menschliche Priester ausdrücklich nur bei der Consecration Christi Stelle vertrete, als sein Organ thätig sei und die eigentliche priesterliche Function als Werkzeug Christi vollziehe. Sie sahen sämmtlich Christum den Herrn für den principalis offerens der heiligen Messe an. Nichtsdestoweniger war es auffallenderweise gerade Vasquez, der Christo dem Herrn nur eine entferntere Betheiligung an der eucharistischen Opferhandlung zuerkannte, welche er bei der Einsetzung der heiligen Eucharistie durch den Auftrag an seine Apostel, dasselbe zu seinem Andenken zu thun, ausgeführt haben soll[1]. Es ist kaum zu erklären, wie Vasquez, der doch die Gegenwart des ganzen Christus, auch mit seiner menschlichen Seele, in der heiligen Eucharistie der Kirchenlehre gemäss überall betont, zu einer solchen Auffassung kommen konnte. Als Autoritäten weiss er bloss den Duns Scotus und Gabriel Biel anzuführen. Ebenso schwach sind die von ihm angeführten rationellen Gründe. Er meint, dass alle sittliche Thätigkeit Christi nach seiner menschlichen Natur mit dem Kreuzestode vollständig zum Abschlusse gekommen und von dem göttlichen Willen absorbirt worden sei; er läugnet deshalb das fortgesetzte himmlische Opfer Christi, ja auch seine Fürbitten für uns, in Widerspruch mit den Worten des Apostels (Hebr. 9, 24), auf den Grund hin, weil man bei Christo keine Fürbitten voraussetzen könne, ohne ihnen einen verdienstlichen Charakter zuzuerkennen. Lege man aber den Fürbitten des Herrn im Himmel einen verdienstlichen Werth bei, so würde das Genugthuungsverdienst Christi, welches er während seines irdischen Lebens erworben, als ein unzureichendes vorausgesetzt. Christus soll im Himmel nur mit seinem göttlichen Willen insoweit für uns intercediren, als er die Früchte

---

[1] Disp. 225, c. 3, n. 12: „Christum autem tantum offerre remote, et ratione solius institutionis qua praecepit, ut hoc sacrificium in memoriam ipsius et in persona ejus immolaretur."

seines Kreuzesopfers austheilt. Sonderbarerweise gibt er zu,
dass die Engel und Seligen des Himmels für uns Fürbitte ein-
legen; aber für Christum den Herrn soll dies incongruent sein.
Diese Beweisführung ist eine ganz und gar nichtige. Die Ver-
dienstzeit ist freilich auch für den Gottmenschen mit dem Tode
abgeschlossen; aber in seiner verklärten menschlichen Natur
kann er auch im Himmel nicht unthätig sein, ebenso wenig
als in der heiligen Eucharistie, in welcher er wesentlich und
substantiell gegenwärtig ist. Dennoch bleibt Vasquez bei seiner
Ansicht: Christus soll an dem einzelnen eucharistischen Opfer
nur durch das Mandat betheiligt sein, welches er bei der Einsetzung den Aposteln und ihren Nachfolgern gegeben hat, und
mit ihm nur die Früchte ex opere operato verbinden, welche
er durch jenes Mandat für jedes einzelne Opfer bestimmt hat[1].
Dabei übersah er, dass der Werth und die Früchte des Opfers
nicht allein von der Opfergabe, sondern vornehmlich von der
Würde des Opfernden, und der unendliche Werth des Opfers
Christi von der göttlichen Person des Hohenpriesters abhängt,
insoweit er selbst die Opferhandlung vollzieht.

Einen andern Beweis will Vasquez aus der Möglichkeit des
eucharistischen Opfers während des Triduums zwischen dem
Tode und der Auferstehung des Herrn entnehmen. Weil bei
diesem Opfer sicher nicht die menschliche Seele Jesu, also auch
nicht Christus mit seinem menschlichen Willen, betheiligt gewesen sein würde, müsse man eine solche Betheiligung bei
jedem eucharistischen Opfer läugnen. Der Schlusssatz will also
aus einem nur möglichen Ausnahmefall eine Regel für alle
wirklichen Fälle machen. Wie wäre es denn, wenn Christus
der Herr für das Triduum das eucharistische Opfer nicht gewollt hätte, wie es denn auch die Kirche jetzt nicht will für den

---

[1] Ib. n. 21: „Nam sicut nunc non convenit ei affectus orationis pro
nobis, ut supra diximus, ita etiam neque affectus offerendi pro nobis aliquid,
sed offerens se ipsum in cruce et ea oblatione consummans nostram redem-
ptionem, simul obtulit Patri, et ab eo pro nobis postulavit, ut omnia remedia,
quae pro nobis instituta relicturus erat in ecclesia, inter quae erat hoc sacrificium per suos ministros offerendum, eo nobis modo prodesset, quo ipse instituit et eo modo divina virtus sacerdotibus sacrificantibus et offerentibus adesset.“

Charfreitag, an welchem das Andenken an das Kreuzesopfer alles überwiegen soll? Wie wäre es, wenn die Apostel geschlossen hätten: sie könnten nur dann consecriren, wenn sie als Organe des Herrn nach seiner menschlichen Natur und nach der dieser verliehenen potestas excellentiae in seinem Namen die Opferhandlung vollziehen könnten, und deshalb während des Triduums, wo die menschliche Natur Christi auseinander gerissen war, die Consecration für unzulässig erachtet hätten? Nimmt man aber dennoch die Consecration während des Triduums als möglich an: so wäre alsdann nur der heilige Leichnam ex vi verborum und zugleich der göttliche Logos per concomitantiam als Opferspeise zugegen gewesen. An dem eucharistischen Opferpriester würde aber Wesentliches gefehlt haben.

Die in sich unhaltbare Ansicht von der bloss entfernteren Betheiligung Christi des Hohenpriesters durch sein Mandat an die Apostel bei der ersten Abendmahlsfeier und durch seine gesetzgebende Gewalt fand auch bei den nachfolgenden Theologen fast gar keinen Anklang, vielmehr ausdrückliche Bekämpfung: so schon vor ihm von Melchior Canus[1], von dem ihm gleichzeitigen Suarez[2], und nach ihm von Lugo a. a. O., von den Salmanticensern[3], von den Würzburger Theologen und von vielen anderen. Bei der genannten Ansicht würde ohne allen Grund eine grosse Verschiedenheit zwischen dem ersten eucharistischen Opfer, welches der Herr am Abend vor seinem Leiden dargebracht hat, und dem in der Kirche gefeierten angenommen werden, und eine ebenso grosse Verschiedenheit zwischen der Betheiligung Christi an der Consecration und der an der Aufopferung, indem erstere als ein unmittelbares Werk Christi auch von Vasquez angesehen wird. Das Mandat Christi bei der ersten Abendmahlsfeier war nicht einmal ein priesterlicher Act, sondern eine Kundgebung seiner gesetzgebenden Gewalt; wäre er in keiner andern Weise bei der einzelnen heiligen Messe betheiligt, so würde die Ausübung des Hohenpriesteramts Christi mit dem Kreuzestode aufgehört haben.

---

[1] De locis th. XIII, 13.   [2] Disp. 77, sect. 1.
[3] De euch. Disp. 13, n. 48 sqq.

3. Es geht über den Rahmen der gegenwärtigen Abhandlung hinaus die Lehre von den Früchten des eucharistischen Opfers bis ins einzelne zu verfolgen. Aber aus dem unter 2. bewiesenen Glaubenssatze ergibt sich von selbst, dass die Früchte jedes heiligen Messopfers, insoweit Christus selbst der Darbringer desselben ist, ihrem Werthe und ihrer Kraft nach (in actu primo) unendliche sind, und zwar ex opere operato, so dass sie durch die Würdigkeit oder Unwürdigkeit des menschlichen Priesters nicht alterirt werden können. Aber weil das eucharistische Opfer zur Applicirung der Früchte des Kreuzesopfers eingesetzt ist, so sind zum Behufe der Auswirkung (in actu secundo) der Früchte mit jeder heiligen Messe bestimmte Gnaden verbunden worden, welche ebendeshalb endliche sind und zum Theil (als fructus speciales) von dem celebrirenden Priester, insoweit er das Organ Christi ist, nach seiner Intention applicirt werden und den Gläubigen zu gute kommen können.

Zuletzt dient das eucharistische Opfer auch dazu, auf dass alle Gläubigen ihre Opfer, Gebete, guten Vorsätze und guten Werke mit dem Opfer Jesu Christi vereinigen, und denselben dadurch einen gewissen satisfactorischen, meritorischen und impetratorischen Werth (ex opere operantium) verleihen. Diese von seiten des Priesters, der Gemeinde, der Anwesenden und sonstwie Betheiligten gewonnenen Früchte (fructus specialissimi in der Schulsprache genannt) können anderen zugewandt werden, insoweit sie einen satisfactorischen oder impetratorischen Charakter an sich tragen, wogegen das Verdienst des Menschen über die eigene Person nicht hinausreicht und von ihr ganz und gar absorbirt wird.

Inhalt.